Gilbert Achcar, geb. 1951, lebte bis 1983 im Libanon, bevor er nach Frankreich zog. Lehrt an der Universität Paris VIII Inter-

nationale Politik. Autor in *Le Monde Diplomatique* und mehrerer Bücher zur zeitgenössischen Politik, u.a. *The Clash of Barbarisms* (2006). Mit Noam Chomsky ist er Autor von *Perilous Power: The Middle East and U.S. Foreign Policy* (2007).

Michael Warschawski, geb. 1949 in Straß-burg, ging 1965 nach Jerusalem. 1967-71 studierte er Philosophie an der Jerusale-mer Hebräischen Universität. 1984 Grün-

der des Alternative Information Center (AIC). Seit 1992 Mitglied des Friedens-blocks Gush Shalom. Seit 2001 vertritt er das AIC im International Council of the World Social Forum. Von Michael Warschawski sind bei Nautilus erschienen *An der Grenze. Autobiografie* sowie *Mit Höllentempo. Die Krise der israelischen Gesellschaft.*

Gilbert Achcar
Michael Warschawski

Der 33-Tage-Krieg

Israels Krieg gegen die Hisbollah im Libanon und seine Folgen

Aus dem Französischen
übersetzt von Birgit Althaler

Edition Nautilus

Die vorliegende Veröffentlichung
erscheint gleichzeitig auf Englisch,
Französisch und Deutsch.

Edition Nautilus
Verlag Lutz Schulenburg
Alte Holstenstraße 22
D-21031 Hamburg
www.edition-nautilus.de
Alle Rechte vorbehalten
© Edition Nautilus 2006
Umschlaggestaltung:
Maja Bechert
www.majabechert.de

Deutsche Erstausgabe
März 2007
Printed in Germany

1. Auflage

ISBN 978-3-89401-539-8

Vom Sechstagekrieg zum 33-Tage-Krieg

Der 33-Tage-Krieg, den Israel vom 12. Juli bis in die frühen Morgenstunden des 14. August 2006 erfolglos gegen die Hisbollah im Libanon geführt hat, wiegt in der Vorstellung der arabischen Welt bereits die Demütigung des Sechstagekriegs auf, der vom frühen Morgen des 5. Juni bis zum Abend des 10. Juni 1967 dauerte. In Israel hat er dagegen eine schwere Krise ausgelöst und den Eindruck verstärkt, der im Jahr 2000 mit dem Rückzug Israels aus dem Südlibanon nach 18 Jahren Besatzung entstanden war: Der Libanon sei das Vietnam Israels.

Der Krieg vom Sommer 2006 wird auf verschiedene Weise in frühere Konfrontationen eingereiht, sei es als sechste Runde im israelisch-arabischen Krieg nach 1948, 1956, 1967, 1973 und 1982 oder als dritte israelische Invasion im Libanon nach 1978 und 1982. (Die israelische Invasion im Südlibanon 1978 wird seltsamerweise im Allgemeinen nicht als israelisch-arabischer Krieg behandelt, ebenso wenig wie der regelrechte Krieg, den Israel seit Herbst 2000 gegen die palästinensischen Gebiete führt.)

Diese Jahreszahlenreihen legen ein beredtes Zeugnis davon ab, wie bedenklich die Lage ist, die seit mehreren Jahrzehnten nichts an Tragik eingebüßt hat. Die Spirale der Gewalt dreht sich mit jedem Krieg analog zur technologischen Entwicklung der beiderseits eingesetzten Waffen weiter. Dies lässt in einer Zeit, die von einer neuen Welle der Verbreitung von Kernwaffen und dem drohenden Einsatz von Massenvernichtungswaffen durch Staaten oder Organisationen geprägt ist, für die Zukunft Schlimmes befürchten.

Zudem ist der Nahe Osten von allen Krisenregionen weltweit jene, die im globalen Maßstab bis heute am meisten und in zunehmendem Maß über die Region hinausreichende Gewalt hervorgebracht hat und noch hervorbringt. Daher wird den Konflikten im Nahen Osten mehr Aufmerksamkeit gewidmet als jenen vieler anderer Regionen, denn sie rufen sich der restlichen Welt immer wieder in Erinnerung.

Das vorliegende Buch analysiert den 33-Tage-Krieg, stellt ihn in den Kontext der Entwicklung des Libanon, auf dessen Territorium er hauptsächlich ausgetragen wurde, und beschreibt seine Auswirkungen auf den Libanon und Israel. Es richtet sich an all jene, die eine geraffte Einführung in dieses höchst komplexe Thema suchen, wie auch an jene, die mit den Fakten bereits vertraut sind, sich aber Fragen zu deren Interpretation und der möglichen weiteren Entwicklung stellen.

Die beiden Autoren kommen aus den Ländern, die direkt in den Krieg von Sommer 2006 verwickelt waren, den Feindstaaten Israel und Libanon. Sie verbindet eine über dreißigjährige Freundschaft, die umso intensiver ist, als sie sich den universellen Werten „Freiheit, Gleichheit, Brüderlichkeit" (und Schwesterlichkeit) der französischen Revolution, die beide auf der Schulbank gelernt haben, aufs Tiefste verbunden fühlen und damit scheinbar unüberwindliche Grenzen überwinden. Das vierte Kapitel hat Michael Warschawski verfasst, für den Rest des Buches zeichnet Gilbert Achcar verantwortlich.

Gilbert Achcar, 15. Oktober 2006

Kapitel 1

Der Libanon, von der Staatsgründung bis zum 12. Juli 2006

Seit der Libanon seine „Unabhängigkeit"[1] erlangt hat, wurden auf dem Boden dieses Staates stets regionale und internationale Konflikte ausgetragen, deren Tragweite über das Land hinausging. Der Libanon war, so Malcolm Kerr, einer der Schauplätze des „arabischen Kalten Krieges"[2] wie übrigens des Kalten Krieges schlechthin.

Ein labiles staatliches Gebilde

In den Grenzen, die die Behörden des französischen Völkerbundmandats für Syrien und den Libanon 1920 gezogen hatten, zeichnete sich der Libanon durch ein labiles konfessionelles Gleichgewicht aus. Die Grenzen des libanesischen Gebietes wurden so gelegt, dass eine schwache, insbesondere aus Maroniten bestehende christliche Mehrheit entstand.[3] Frankreich, das sich rühmt, ein leuchtendes Vorbild in Sachen Laizismus und nationaler republikanischer Integration zu sein, zerstückelte das Gebiet Großsyrien, das seit dem Ersten Weltkrieg unter französischem Mandat stand, in schlimmster imperialer Manier nach dem Prinzip „teile und herrsche" in konfessionelle Staaten (Alawiten und Drusen) sowie Provinzen (Aleppo, Alexandrette, Damaskus). Im Libanon führte es einen konfessionellen Proporz ein, der bis heute Bestand hat.

1943 schlossen Vertreter der wichtigsten Konfessionsgruppen der herrschenden Klasse des Libanon einen „Nationalpakt", der dem unabhängigen Libanon zugrundeliegt. Dieser „Pakt" verankerte eine konfessionelle Posten- und Sitzverteilung im libanesischen Staat, die den Christen nach einem Schlüssel von sechs zu fünf Mandaten eine Mehrheit zusicherte. Der Libanon wurde so, wie es der libanesische Journalist Georges Naccache[4] in seinem bekannten Ausspruch treffend formulierte, auf einer „doppelten Negation" aufgebaut: Die Christen verzichteten auf den Schutz Frankreichs und die Muslime auf die Vereinigung mit Syrien zugunsten eines vage als arabisch definierten souveränen Libanon. Fünfzehn Jahre später wurde dieser „Pakt" einer ersten schweren Prüfung unterzogen.

1958 kam es zu den ersten bürgerkriegsähnlichen Unruhen in der Geschichte des unabhängigen Libanon. Auf der einen Seite standen die Anhänger Nassers[5], der zur Einheit der arabischen Nation aufgerufen hatte, beginnend mit der Vereinigung von Syrien und Ägypten im selben Jahr. Auf der anderen Seite lehnte ein Teil der libanesischen Bevölkerung, insbesondere das christliche Lager, diese Perspektive vehement ab. Der libanesische Präsident Camille Chamoun unterstützte die Eisenhower-Doktrin und den Bagdad-Pakt und versuchte, das Land auf regionaler Ebene in die strategischen Pläne der USA und Großbritanniens einzubinden.

Dieser erste Aufruhr war von kurzer Dauer und hatte im Juli 1958 die Landung amerikanischer Marines im Libanon zur Folge, die vom amerikanischen Präsidenten Dwight Eisenhower entsandt wurden. Schließlich konnte ein Kompromiss erzielt werden, durch den General Fouad Chehab an die Macht kam. Er führte das Land „bonapartistisch" in einer Mischung aus autoritärer, auf den Militärapparat gestützter Staatsgewalt, Ausgleich zwischen den verschiedenen Konfessionsgemeinschaften und einer reformistischen Verwaltung und Sozialpolitik. Unter dem Druck des israelisch-arabischen Kriegs von Juni 1967 brach dieser Kompromiss auseinander. Ohne direkt involviert zu sein, bekam der Libanon, der seit 1948 nach Jordanien die meisten palästinensischen Flüchtlinge aufgenommen hatte, die Folgen des Krieges mit voller Wucht zu spüren. Die durch den Krieg bedingte Radikalisierung der Palästinenser, die sich auch auf einen Teil der Libanesen, insbesondere der muslimischen Bevölkerung, übertrug, brachte das labile Gleichgewicht des „Chehabismus" ins Wanken und bewog einen anderen, mehrheitlich christlichen Teil der Bevölkerung, sich erneut Washington in die Arme zu werfen.

Unterdessen hatten sich die sozialen Spannungen im Libanon beträchtlich verschärft. Vom raschen Wirtschaftswachstum der 50er und 60er Jahre profitierten die verschiedenen Regionen und Gemeinschaften des Landes äußerst ungleich. Während die Hauptstadt und die angrenzenden, mehrheitlich maronitisch bewohnten Regionen aufblühten und Beirut zu einer wichtigen Drehscheibe für Transport, Handel und Finanzen des gesamten arabischen Nahen Ostens wurde, blieben die abgelegeneren, mehrheitlich schiitisch bewohnten Regionen entlang der Grenzen im Landesinneren in dieser rasanten Entwicklung auf der Strecke.

Das Bevölkerungswachstum driftete immer weiter auseinander, da die ärmsten Gruppen einem bekannten soziologischen Trend entsprechend am kinderreichsten sind und damit die Schiiten in den 70er Jahren zur größten Gemeinschaft anwuchsen. Gleichzeitig löste die gemessen an der Wirtschaftskraft zu dichte Besiedlung ihrer ländlichen Herkunftsregionen eine beträchtliche Landflucht aus und ließ die armen Randgebiete südlich und östlich der Hauptstadt anschwellen, bis schließlich die Hälfte der libanesischen Bevölkerung im Großraum Beirut lebte.

Der Bürgerkrieg 1975–1990

Diese Mischung aus strukturellen und politischen Faktoren mündete 1975 in einen Bürgerkrieg, der ein Regionalkonflikt und zugleich ein auf libanesischem Boden ausgetragener internationaler Krieg war. Das syrische Regime unterstützte zuerst ein Bündnis aus einigen libanesisch-muslimischen Kräften, der gesamten libanesischen Linken und der PLO (Palästinensische Befreiungsorganisation), schickte jedoch 1976 mit dem Segen Washingtons und der Zustimmung Israels seine Armee, um den Einheiten der christlichen Rechten zu Hilfe zu eilen. Als Belohnung erhoffte sich Syrien die Berücksichtigung seiner Interessen in der Regelung des israelisch-arabischen Konflikts.

Dieses syrisch-amerikanische Bündnis zerfiel allerdings nach einem Jahr infolge eines neuerlichen Richtungswechsels, bedingt durch den Regierungsantritt des stark rechtsgerichteten Likud in Israel, der die Perspektive eines globalen Friedens zu vereiteln schien. Der ägyptische Präsident Anwar al-Sadat scherte deshalb aus den arabischen Reihen aus, um mit der neuen israelischen Regierung einen Separatfrieden auszuhandeln. Israel erlaubte sich daraufhin 1978, in einen Teil des Südlibanon einzumarschieren („Operation Litani", nach dem Namen des Flusses im Südlibanon, hinter den Israel die bewaffneten Palästinenser zurückzudrängen versuchte), um eine von seinen libanesischen Hilfstruppen kontrollierte „Sicherheitszone" einzurichten. Die israelischen Streitkräfte zogen sich einige Wochen später nach ausgeführtem Auftrag zurück und machten der Interimstruppe der Vereinten Nationen im Libanon (UNIFIL) Platz – deren „Interims"-Auftrag bis heute ständig verlängert wurde.

Nachdem Israel im April 1982 den seit 1967 besetzten ägyptischen Sinai vollständig geräumt hatte und damit einer Vereinbarung des ägyptisch-israelischen Friedensabkommens aus dem Jahr 1979 nachgekommen war, glaubte die Regierung von Menachem Begin und Außenminister Ariel Sharon den Zeitpunkt gekommen, ein für alle Mal mit der PLO aufzuräumen. Am 6. Juni 1982 startete Israel unter dem Vorwand, den Norden Israels vor dem – allerdings bereits seit mehreren Monaten eingestellten – Raketenbeschuss und Einfällen der Palästinenser zu schützen,[6] eine umfassende Militäroffensive, in deren Verlauf die israelische Armee bis Beirut vormarschierte. Die Belagerung der libanesischen Hauptstadt dauerte mehrere Wochen an und endete mit der Evakuierung der PLO-Kämpfer über den Seeweg. Kurz darauf kam es in den Flüchtlingslagern Sabra und Shatila unter israelischer Aufsicht zu Massakern an den ohne Schutz zurückgelassenen palästinensischen Flüchtlingen. Nahezu ein Zehntel des libanesischen Territoriums im Süden des Libanon blieb bis zum Jahr 2000, somit 18 Jahre lang, besetzt, nachdem sich Israel 1985 aus dem Rest des Landes zurückgezogen hatte. Der Kampf gegen diese Besatzung war auch die Hauptmotivation für die Gründung der Hisbollah und erklärt maßgeblich die beachtliche Legitimität, die sie sich in der Bevölkerung verschaffen konnte.[7]

1976 wurde der libanesische Bürgerkrieg ein erstes Mal im Rahmen eines Bündnisses zwischen Syrien und den USA unter saudischer Schirmherrschaft (Riad-Gipfel vom Oktober 1976) eingestellt, bevor er infolge des Bruchs dieses Bündnisses wieder aufflammte. 1990 wurde er nach mehreren blutigen

Zwischenfällen und einer erneuten Vermittlung des saudischen Königreichs (Abkommen von Taif, Oktober 1989) durch Wiederherstellung desselben Bündnisses schließlich beendet. Denn als der Irak im August 1990 in Kuwait einmarschierte, schloss sich der syrische Diktator Hafez al-Assad der von den Vereinigten Staaten angeführten Koalition gegen Bagdad an. Dafür erhielt er von Washington grünes Licht für eine Offensive im Libanon, um den Aufstand von General Michel Aun niederzuschlagen, der 1989, wenige Monate nachdem ihm der scheidende Präsident Amin Gemayel die Macht übertragen hatte, zu einem völlig aussichtslosen „Befreiungskrieg" gegen die syrischen Truppen aufgerufen hatte. Aun wurde völlig isoliert und musste nach Frankreich ins Exil, von wo er erst nach dem Abzug der syrischen Truppen 2005 zurückkehrte.

Die Episode von 1990 beendete dauerhaft den 15-jährigen Bürgerkrieg. Die Lage im Libanon konnte sich auf der Grundlage des Abkommens von Taif erneut stabilisieren. Dieses Abkommen sah eine Anpassung des konfessionellen Machtproporzes zugunsten der Muslime vor. Die Parlamentssitze wurden von nun an zu gleichen Teilen unter Christen und Muslimen aufgeteilt, anstatt im Verhältnis von sechs zu elf zugunsten der christlichen Mehrheit, wie es 1943 beschlossen worden war. Zudem wurde die Macht des sunnitischen Regierungschefs, der nunmehr vom Parlament gewählt wurde, auf Kosten des maronitischen Staatspräsidenten erheblich ausgebaut. Damit rückte in den 90er Jahren Rafik Hariri ins Zentrum der politischen Macht im Libanon. Hariri, ein enger Vertrauter des saudischen Königshauses, in dessen Dunstkreis er ein riesiges persönliches Vermögen angehäuft hatte, regierte im Einverständnis mit Syrien unter Anwesenheit der syrischen Armee und ihrer *mukhabarat*.[8] Zu diesem Zeitpunkt forderte niemand ihren sofortigen Abzug, da der libanesische Staat wiederaufgebaut werden musste und vorläufig eine „Leiharmee" brauchte.

Washington und Paris gegen Teheran und Damaskus

Mit dem zweiten Irak-Krieg 2003 brach der seit Ende des innerlibanesischen Krieges bestehende Rahmen erneut auseinander. Der syrische Staatschef Baschar al-Assad, der sich wie sein Vater an der Position Moskaus, des Hauptverbündeten der syrischen Baath-Partei außerhalb des Nahen Ostens, orientierte, sprach sich im Gegensatz zu diesem jedoch kategorisch gegen einen amerikanischen Einmarsch aus. Gleichzeitig bemühte er sich um ein engeres Bündnis mit Teheran, womit er den Bruch Syriens mit den Amerikanern und den Saudis beschleunigte. An diesem Punkt geriet im Libanon Rafik Hariri in Konflikt mit dem prosyrischen Präsidenten Emile Lahoud, dessen Amtszeit auf Beschluss Syriens 2004 verlängert worden war.

Unterdessen hatten sich die Vereinigten Staaten nach dem Sturz des Baath-Regimes von Saddam Hussein, dem verfeindeten Bruder der syrischen Baath-Regierung, im Irak festgesetzt. Nun wandten sie sich gegen den Iran, den anderen Staat der Region, den George W. Bush als Teil der „Achse des Bösen" bezeichnet hatte, nachdem er im Gefolge des Attentats vom 11. September 2001 Afghanistan hatte überfallen lassen. Aus der Sicht Washingtons rückte die iranische Regierung nun zum Feind Nummer Eins auf – nicht nur, weil es darum ging, die Kontrolle über den Irak zu festigen, sondern auch, um die vollständige Hegemonie der Vereinigten Staaten über den Nahen Osten zu erlangen.

Nach Ansicht Washingtons ist das, was seiner regionalen Vorherrschaft hauptsächlich im Weg steht, die regionale Allianz von Kräften unter Führung Teherans, zu der die mit dem Iran verbündeten schiitischen Kräfte im Irak, das syrische Regime, die libanesische Hisbollah und die palästinensische Hamas gehören. Gegen dieses Bündnis sei ein hartes Durchgreifen nötig. Die Schwachstelle dieses Bündnisses wurde im Libanon vermutet, wo sich mit der Präsenz Syriens und der Hisbollah zwei Ziele auf einmal anboten. So setzte Washington im September 2004 im Sicherheitsrat der Vereinten Nationen die Resolution 1559 durch, die den Abzug der syrischen Truppen aus dem Libanon und die „Auflösung und Entwaffnung der libanesischen und nicht-libanesischen Milizen", mit anderen Worten: die Entwaffnung der Hisbollah und der palästinensischen Flüchtlingslager (in denen es mit Syrien verbündete bewaffnete Organisationen gibt), fordert.

Die Resolution 1559 stellt nicht nur eine flagrante Verletzung der UNO-Charta dar, sondern ist auch eine ausgemachte Heuchelei. Die gegen den Willen der damals prosyrischen libanesischen Regierung beschlossene Resolution bekräftigt die

„nachdrückliche Unterstützung" der Souveränität des Libanon, mischt sich aber gleichzeitig in dessen innere Angelegenheiten ein und verstößt damit gegen Artikel 2, Punkt 7 der Charta, der jedes „Eingreifen in Angelegenheiten, die ihrem Wesen nach zur inneren Zuständigkeit eines Staates gehören", ausschließt. Im Übrigen bräuchte es schon eine ordentliche Portion Naivität, um auch nur einen Moment lang zu glauben, den ständigen Mitgliedern des Sicherheitsrates liege die Souveränität eines anderen Staates als des ihren am Herzen. Die Resolution 1559 ist ganz offensichtlich im Rahmen des Vorgehens der USA gegen den Iran und seine Verbündeten zu verstehen, was aus der Tatsache ersichtlich wird, dass sie erst 2004 und nicht schon vorher beschlossen wurde. Es ist die dritte Etappe der imperialen Offensive der Bush-Regierung im „Greater Middle East", die nun nach Afghanistan und dem Irak vordringlich geworden ist.

Frankreich arbeitete diesmal – im Gegensatz zu seiner Politik in der Irak-Frage, aber in Einklang mit der Haltung, die für die cifrige französische Beteiligung an der Afghanistan-Expedition maßgeblich war – voll und ganz mit den Vereinigten Staaten zusammen. Im Fall des Iraks waren Paris und Washington, die beide ein Auge auf das Erdöl geworfen haben, von unterschiedlichen Interessen geleitet. Seit Israel in den 60er Jahren beschlossen hatte, seinen Hauslieferanten für Waffen zu wechseln, und von Frankreich auf die Vereinigten Staaten umgesattelt hatte, hat Paris eine politische Wende im Nahen Osten vollzogen. Den Auftakt machte Charles de Gaulle mit seiner Kritik an Israel nach dem Krieg von Juni 1967, die durch ihren fast antisemitischen Tonfall einen Skandal hervorrief. Die französische Politik ist in diesem Teil der Welt hauptsächlich durch die Interessen der Erdölkonzerne, der Waffenproduzenten und der Flugzeug- und Bauindustrie bestimmt. Seit der politischen Wende bemüht sich Frankreich vor allem, in Räume vorzudringen, die den US-Interessen versperrt sind. Damit wuchs das Land sozusagen natürlich in die Rolle des bevorzugten westlichen Partners der Verbündeten Moskaus hinein.

In den 70er Jahren wurde beispielsweise der Irak unter Saddam Hussein zum wichtigsten Handelspartner und politischen Adressaten Frankreichs im Nahen Osten. Frankreich ging in den 80er Jahren sogar so weit, den eigenen Streitkräften Flugzeuge des Typs Super Etendard vorzuenthalten, um sie dem Irak im Krieg gegen den Iran zu „leihen". Diese privilegierte Zusammenarbeit überdauerte sogar die französische Beteiligung an der Koalition Washingtons gegen den Irak im Golfkrieg 1991. Saddam Hussein öffnete den französischen wie russischen Konzernen dennoch weiterhin den Markt und räumte ihnen Erdölkonzessionen ein. Das motivierte beide Staaten, verstärkt auf die Aufhebung des gegen den Irak verhängten Embargos hinzuarbeiten, die unerlässlich war, um die Konzessionen nutzen zu können.

Aus eben diesem Grund lehnten Paris und Moskau auch den zweiten Krieg Washingtons und Londons gegen den Irak ab. Als die Allianz aus Briten und Amerikanern im März 2003 schließlich den Irak besetzte, was zur Kündigung der den französischen Unternehmen eingeräumten Konzessionen führte, wandte sich Paris in erster Linie seinem zweiten wichtigen Handelspartner in der Region, dem saudischen Königreich, zu.[9] Dieses ist, im Gegensatz zum Regime von Saddam Hussein, der älteste und wichtigste Verbündete der Vereinigten Staaten. Im Libanon äußerte sich dies 2004 in einer Konvergenz konkurrierender Interessen zwischen Frankreich und den Vereinigten Staaten. Die „enge Freundschaft" zwischen Jacques Chirac und Rafik Hariri – dessen Freundschaften immer sehr rentabel waren – fügte sich gleichsam natürlich in das beharrliche französische Hofieren der Saudis ein. Ein erstes Ergebnis dieser übereinstimmenden Interessen war die Resolution 1559 des UN-Sicherheitsrats.

Der Libanon nach dem Abzug der syrischen Truppen
Der Abzug der syrischen Truppen erfolgte 2005, wenn auch nicht aufgrund der Resolution 1559. Diese wurde von Syrien, im Einvernehmen mit der prosyrischen Regierung, die zu diesem Zeitpunkt in Beirut an der Macht war, strikt abgelehnt. Der Rückzug Syriens wurde vielmehr durch die beeindruckenden Massenmobilisierungen beschleunigt, die auf die Ermordung Rafik Hariris am 14. Februar 2005 folgten und im Libanon eine Situation schufen, die für Damaskus nicht mehr länger tragbar war.

Gleichzeitig traten im Land nach Jahren der Beruhigung neue politische und konfessionelle Spannungen auf, wenn auch in einer bisher unbekannten Form. Sie äußerten sich vor allem in zwei gegensätzlichen als Kräftemessen gedachten Massendemonstrationen im März 2005: einerseits die Demonstration vom 8. März, an der sich alle wesentlichen schiitischen Kräfte (Hisbollah, Amal[10]) sowie prosyrische Minderheiten der anderen Gemeinschaften beteiligten, andererseits die Gegendemonstration vom 14. März, zu der ein Bündnis aus der Mehrheit der Maroniten, Sunniten und Drusen aufgerufen hatte, das unterdessen von Hariris Sohn angeführt wurde. Das Land war deutlich in zwei weitgehend gleich starke Lager gespalten. Das saudische Königshaus fürchtete ein Kräftemessen, das schlecht auszugehen und die Region zu destabilisieren drohte, was Teheran entgegengekommen wäre. Es empfahl eine Beruhigung der Lage.

Mit den Parlamentswahlen vom Mai und Juni 2005, die auf den Abzug der syrischen Truppen folgten, ließen die Spannungen deutlich nach. Der Wahlkampf wurde von einer breiten Koalition geführt, die vom antisyrischen Bündnis, das sich nach dem Datum der Massendemonstration vom 14. März benannte, bis zum schiitischen Block aus Hisbollah und Amal reichte. Aus diesem Einvernehmen ausgeschlossen blieben nur die nichtschiitischen prosyrischen Kräfte und General Aun, obwohl dessen Anhänger eine entscheidende Rolle in den antisyrischen Mobilisierungen einschließlich der Demonstration vom 14. März gespielt hatten. Aun verwahrte sich energisch dagegen, Wahlen auf der Grundlage eines Wahlgesetzes durchzuführen, das im Jahr 2000 auf syrisches Betreiben verkündet worden war und vor allem darauf abzielte, den „Aun-Flügel" unterzurepräsentieren, dem eine deutliche Mehrheit unter den Maroniten nachgesagt wurde und der von Damaskus damals als gefährlichster libanesischer Widersacher erachtet wurde.

Das Bündnis vom 14. März hatte darauf gesetzt, die maronitischen Konkurrenten Auns zu begünstigen. Auns politische Ambitionen und sein Kreuzzug gegen Korruption, gepaart mit der heftigen Kritik an Rafik Hariri, der als Regierungschef eng mit Damaskus zusammengearbeitet hatte, lösten sowohl in der Hariri-Gruppe als auch unter deren Verbündeten, allen voran Drusenführer Walid Dschumblat, Besorgnis aus. Um Aun zu isolieren, hatte das Bündnis vom 14. März dem von Syrien aufgezwungenen Wahlgesetz zugestimmt und ein Abkommen mit den zwei wichtigsten Verbündeten Syriens im Libanon, den beiden Schiiten-Bewegungen, geschlossen. Aun, der bis dahin stets auf die antisyrische Karte gesetzt hatte und sich rühmte, an der Ausarbeitung der Resolution 1559 mitgewirkt zu haben, revanchierte sich, indem er mit den Kräften der prosyrischen Minderheit zu flirten begann und die Oppositionsrolle gegen die neue Parlaments- und Regierungsmehrheit übernahm. Das waren Vorboten eines bedeutenden Kurswechsels, den er nach den Wahlen vollzog.

Einige Monate später verständigte sich General Aun tatsächlich zur allgemeinen Überraschung mit allen prosyrischen Kräften einschließlich den Schiiten und lehnte die Absetzung von Präsident Lahoud, dessen Mandat von Damaskus verlängert worden war, ab. Da die syrische Armee abgezogen sei, gäbe es keinen nennenswerten Streit mehr mit Damaskus, weshalb er sich für freundschaftliche Beziehungen zum syrischen Nachbarn ausspreche. Am 6. Februar 2006 unterzeichnete er eine politische Übereinkunft mit der Hisbollah, die auch die Aussicht auf Regelung der Frage der Bewaffnung der Hisbollah enthält.[11] Mit dieser Vereinbarung wurde ein Bündnis zwischen Aun und der Hisbollah besiegelt, das in der Folgezeit zu einem wichtigen Faktor der libanesischen Politik werden sollte.

Selbstverständlich handelt es sich um eine Vernunftehe, die auf einem doppelten politischen Kalkül beruht: Michel Aun will libanesischer Staatspräsident werden und erneut ein bonapartistisches Regime einführen, das sich mehr oder weniger am Vorbild Chehabs orientiert. Er sieht im Bündnis mit den Schiiten, der größten Bevölkerungsgruppe, und dem Rückhalt, den er unter den Maroniten genießt, eine Erfolgsformel, um seine Ambitionen zu verwirklichen. Dass er die Absetzung Lahouds ablehnte, versteht sich aus der Tatsache, dass er mit der 2005 aus den Wahlen hervorgegangenen Parlamentsmehrheit keine Chance hätte, dessen Nachfolge anzutreten, da der Präsident im Libanon vom Parlament gewählt wird. Aun fordert, dass zuerst, wie im Abkommen mit der Hisbollah festgehalten, ein neues Wahlgesetz beschlossen wird und dann Neuwahlen abgehalten werden.

Die Hisbollah ihrerseits sieht sich einem wachsenden Druck der Regierungsmehrheit ausgesetzt, die den Druck der im Namen der Resolution 1559 auf ihre Entwaffnung drängenden

Vereinigten Staaten und Frankreichs weitergibt. Das Kalkül der Hisbollah besteht darin, diesen Druck abzuwenden und die Mehrheit durch das Bündnis mit General Aun in Schach zu halten. Dieses Bündnis verhindert die Isolation der schiitischen Kräfte gegenüber einem antisyrischen, antiiranischen Mehrheitsblock innerhalb aller nicht-schiitischen Gemeinschaften. Zudem gibt es den Gegnern des Bündnisses vom 14. März innerhalb der anderen Konfessionsgruppen Auftrieb. Der politische Bruch im Libanon zieht sich unterdessen durch die nach den Schiiten zweitstärkste Gemeinschaft der Maroniten, in der Aun den Anhängern von Hariris Sohn und Washington gegenübersteht. Zu letzteren zählen unter anderem die „Forces libanaises" von Samir Dschadscha, jenem Warlord, der persönlich am weitgehendsten in Massaker während des Bürgerkriegs verwickelt war.

Das Bündnis vom 14. März versuchte seinerseits, wenn auch halbherzig, eine schiitische Kraft in den eigenen Reihen aufzubauen, wie es auch versuchte und noch immer versucht, die Differenzen zwischen der Hisbollah und der Amal-Bewegung zu schüren. Angesichts der engen Beziehungen von Amal zu Syrien und deren Befürchtung, im Fall eines Bruches mit der Hisbollah von der wesentlich beliebteren schiitischen Konkurrenzorganisation an den Rand gedrängt zu werden, fielen diese Bemühungen jedoch kaum auf fruchtbaren Boden.

Die Zwillingsoffensiven Israels

Nachdem die Mobilisierungen und Spannungen im Anschluss an die Ermordung Rafik Hariris in Washington Hoffnungen geweckt hatten, bedeutete der weitere Verlauf der Ereignisse im Libanon für die Vereinigten Staaten eine herbe Enttäuschung. Die Regierung Bush hatte gehofft, ihre Verbündeten würden, ermutigt durch die beeindruckende Mobilisierung ihrer Anhänger und den Rückzug der syrischen Armee, mit der Hisbollah aufräumen. Stattdessen wurde sehr schnell offensichtlich, dass die libanesischen Verbündeten Washingtons angesichts der tatsächlichen Kräfteverhältnisse im Libanon, nachdem die syrischen Truppen abgezogen waren, das Risiko eines Kräftemessens mit der Schiiten-Partei nicht eingehen konnten. Die libanesische Armee war und ist dafür nach wie vor zu unzuverlässig und jeder Versuch, sie gegen die Hisbollah einzusetzen, könnte ihren Zerfall herbeiführen, wie das im Frühjahr 1976 in der ersten Phase des 15-jährigen Bürgerkriegs geschehen war. Die Umsetzung des Abschnitts in der UN-Resolution 1559, der die Entwaffnung der Hisbollah betrifft, schien auf unbestimmte Zeit verschoben.

Eine Schlussfolgerung drängte sich auf: Es bedurfte einer Intervention von außen, um die Kräfteverhältnisse im Land zu ändern und gleichzeitig Bedingungen für einen entscheidenden Schlag der libanesischen Verbündeten Washingtons gegen die Hisbollah zu schaffen. Die Vereinigten Staaten konnten diese Aufgabe angesichts der verfahrenen Situation im Irak nicht übernehmen und Frankreich verfügte nicht über die entsprechenden Mittel. So fiel Israel die Aufgabe zu, die Lage im Libanon zu verändern. Damit konnte es einmal mehr seine Nützlichkeit für die regionalen Ambitionen Washingtons unter Beweis stellen und gleichzeitig eigene Interessen verfolgen. Seit dem Rückzug seiner Truppen aus dem Südlibanon im Jahr 2000 hatte Israel nur auf eine Gelegenheit gewartet, sich an den libanesischen Schiiten und der Hisbollah zu rächen. Gleichzeitig bot sich nun die Gelegenheit, die Glaubwürdigkeit seiner eigenen Abschreckung wiederherzustellen, die durch die Entwicklung im Libanon zumindest gegenüber dem Volkswiderstand an Überzeugungskraft verloren hatte.

Unterdessen hatte Washington im Januar 2006 in seiner Konfrontation mit Teheran in der Region einen weiteren Rückschlag erlitten, als die palästinensische Hamas die Parlamentswahlen im Westjordanland und Gazastreifen für sich entschied. Die Regierung Bush reagierte im Einklang mit ihrem Verbündeten Israel auf der Stelle und stachelte die westlichen Verbündeten an, die neue palästinensische Regierung zu ächten und ihr die Mittel zu entziehen. Gleichzeitig gebot sie ihren palästinensischen Partnern, allen voran Mahmud Abbas, dem Präsidenten der Palästinenserbehörde, es den libanesischen Verbündeten nicht gleichzutun, im Namen eines wie immer gearteten höheren nationalen Interesses eine Koalition mit der Hamas einzugehen.

Mit zunehmendem Druck auf die Palästinenser stiegen zwangsläufig auch die innerpalästinensischen Spannungen, die von Washingtons engsten Verbündeten geschürt wurden. Der

Groll der palästinensischen Bevölkerung wie auch der arabischen Öffentlichkeit richtete sich aber hauptsächlich gegen jene, von denen der Druck ausging, und weniger gegen jene, die in demokratischen Wahlen die Mehrheit errungen hatten. Die sich häufenden israelischen Übergriffe auf die Palästinensergebiete bewogen die Bevölkerung dazu, immer deutlicher die Bildung einer nationalen Einheit gegen ihre traditionellen Unterdrücker zu wünschen. Diese Hoffnung erhielt einen entscheidenden Impuls durch ein im Mai beschlossenes Abkommen palästinensischer Gefangener in israelischer Haft über eine gemeinsame nationale politische Plattform. Unter den Unterzeichnenden sind, mit Ausnahme des Islamischen Dschihad, alle politischen Strömungen der Palästinenser, von der Fatah bis zur Hamas, vertreten.

Am 25. Juni 2006 reagierten palästinensische Kämpfer auf die wiederholten Entführungen von Palästinensern durch die israelische Armee (darunter zwei am Vortag, dem 24. Juni) mit der Entführung eines israelischen Soldaten, um diesen als Pfand für die Befreiung palästinensischer Gefangener einzusetzen. Am 28. Juni startete die israelische Armee ihre tödliche Offensive im Gaza-Streifen, die den zynischen Namen „Sommerregen" trug. Sie wurde als Antwort auf die Entführung des israelischen Soldaten dargestellt, obwohl sie drei Tage später stattfand. Damit wurde ein anderes Ereignis überspielt: Am 27. Juni, dem Vorabend der israelischen Offensive, hatten Mahmud Abbas und die Hamas-Führung bekannt gegeben, sich auf eine abgeänderte Fassung des „Gefangenendokuments" und die baldige Bildung einer nationalen Einheitsregierung verständigt zu haben.

Das Ziel der israelischen Offensive vom 28. Juni 2006 bestand also ganz offensichtlich darin, der Hamas einen schweren Schlag zu versetzen, die palästinensische Bevölkerung noch härter in Würgegriff zu nehmen, als dies seit den Januar-Wahlen schon der Fall war, und Mahmud Abbas zu gebieten, in der Zusammenarbeit mit der islamisch-fundamentalistischen Organisation nicht weiterzugehen. Eine der ersten Maßnahmen der Offensive bestand übrigens darin, rund 20 palästinensische Hamas-Abgeordnete zu entführen, um der Organisation ihre Parlamentsmehrheit zu entziehen. Das sollte eine Einladung an Abbas sein, die Situation auszunutzen – was dieser wohlweislich vermied, da ihm klar war, dass er damit auf wenig Verständnis in der Bevölkerung stoßen würde.

Vor diesem generellen Hintergrund begann am 12. Juli, wenige Tage nach Beginn der Offensive im Gaza-Streifen, die Offensive im Libanon. Die beiden Offensiven deckten sich im Bezug auf ihre Ziele völlig: In beiden Fällen ging es darum, einem mit Teheran verbündeten Feind Israels und Washingtons einen Schlag zu versetzen und die lokalen Verbündeten Washingtons zu drängen, mit diesem ein für alle Mal aufzuräumen.

Kapitel 2

Die Hisbollah von der Gründung bis zum 12. Juli 2006

Ende der 1960er Jahre entstand angesichts des rasanten Wachstums der wirtschaftlich benachteiligten schiitischen Bevölkerungsgruppe und ihrer Abwanderung vom Land in die ärmlichen Vorstädte Beiruts ein schiitisches Proletariat, ein Subproletariat und eine arme Bauernschaft – ein idealer Nahrboden für sich sozial und politisch radikalisierende Kräfte.

Radikalisierung unterschiedlicher Art

Eine zunehmende Radikalisierung war tatsächlich zu beobachten: Bereits in den 1960er Jahren hatte sich der arabische Nationalismus zunehmend radikalisiert, bis hin zum Schwenk von Splittergruppen zum Marxismus. Der Juni-Krieg 1967 übertrug die gewaltige weltweite Radikalisierungswelle, die vor allem durch den Widerstand der Vietnamesen gegen den Angriff der Vereinigten Staaten ausgelöst wurde, auf die Region. Diese Welle erreichte 1968 ihren Höhepunkt und erfasste viele Gegenden, bevor sie Ende der 1970er Jahre im Zuge der allgemeinen Krise des globalen Kapitalismus und der beginnenden Agonie der „kommunistischen" Staaten abflaute.

Durch die Radikalisierung in der Folge von 1967 gewannen im Libanon die Linke und die radikale Linke – namentlich die Kommunistische Partei des Libanon (KPL) – in den armen Landregionen wie in den ärmlichen Vororten der Hauptstadt vor allem unter Schiiten enorm an Einfluss. In denselben Regionen kam es auch immer stärker zu einer Überlagerung mit den vor

Ort präsenten, sich ausbreitenden Palästinenserorganisationen. Die unter den Schiiten tonangebenden traditionellen Führer, die vor allem aus dem feudalähnlichen Großgrundbesitz hervorgegangen waren, sich zu einer Wahlaristokratie gewandelt hatten und auf konfessioneller Grundlage ihre Pfründe im libanesischen Staatsapparat sicherten, verloren unweigerlich an Boden. Das schiitische Bürgertum war, ähnlich wie jenes der anderen Konfessionsgemeinschaften, besorgt über den Aufstieg der radikalen Linken.

Die 1974 auf Initiative des religiösen Würdenträgers Mussa Sadr und des aufgeschlossenen schiitischen Politikers und Abgeordneten Hussein al Husseini gegründete Bewegung der Benachteiligten (*mahrumin*) ist vor allem als Reaktion darauf zu verstehen. Sie baute einen bewaffneten Arm auf, der unter dem Namen Amal (Hoffnung) bekannt wurde – wobei die vier Anfangsbuchstaben auf Arabisch für „Bataillone des libanesischen Widerstandes" stehen. Die Bewegung der Benachteiligten machte der libanesischen Linken auf deren ureigenstem Gebiet, der sozialen Frage, Konkurrenz: mit verschiedenen Dienstleistungen, die sie dank der beträchtlichen Mittel anbieten konnte, über die sie von Anfang an verfügte, ebenso wie mit ihrem stark populistischen Auftreten. Der ausgesprochen charismatische Mussa Sadr prangerte beispielsweise in der Anfangszeit der Bewegung bei einer beeindruckenden Massenkundgebung das Leerstehen Tausender Wohnungen in Beirut an, wo doch die Masse der „benachteiligten" Schiiten auf engem Raum in heruntergekommenen Unterkünften am Stadtrand hauste.

Die Bewegung von Mussa Sadr erhob sich zum Sprachrohr der schiitischen Gemeinschaft und forderte in der Tradition des konfessionell ausgerichteten politischen Systems des Libanon für ihre Gemeinschaft eine bessere Vertretung in den Institutionen. Gegenüber der libanesischen Linken und den Palästinensern schwankte sie zwischen freundschaftlicher Konkurrenz (wie bei ihrer anfänglichen Zusammenarbeit mit Jassir Arafats Fatah) und erbitterter Gegnerschaft. Während des langen libanesischen Bürgerkriegs griff die Amal wiederholt Kommunisten und libanesische Nasser-Anhänger, aber auch die palästinensischen Organisationen mit Waffen an. Die Verbindung zum syrischen Regime wurde zu einem wesentlichen Faktor der politischen Identität der Bewegung, insbesondere nach dem „Verschwinden" ihres Gründers Mussa Sadr 1978 bei einem Libyenbesuch.

Ein Jahr später, 1979, fand ein bedeutendes Ereignis statt, das eine Wende in der Geschichte des Nahen Ostens einleitete: Die „islamische Revolution" unter Führung von Ajatollah Khomeini stürzte das Schah-Regime im Iran und errichtete ein theokratisches Regime, das entschieden gegen die als „großer Satan" bezeichneten Vereinigten Staaten auftrat. Im Vierteljahrhundert davor war der islamische Fundamentalismus die bevorzugte ideologische Waffe der mit Washington verbündeten reaktionären, antikommunistischen Kräfte in der muslimischen Welt gewesen. An ihrer Spitze stand das saudische Königreich mit einem ausgesprochen rigiden, fortschrittsfeindlichen Regime, das sich auf die härteste Variante des islamischen Fundamentalismus, den Wahhabismus, stützte. Nun trat plötzlich eine höchst beeindruckende neue Version von islamischem Fundamentalismus in Erscheinung und machte sich zum Träger der radikalen antiwestlichen Kräfte.

Washington und seine saudischen und pakistanischen Verbündeten setzten in den 1980er Jahren im Krieg gegen die sowjetische Besatzung in Afghanistan weiterhin auf den islamischen Fundamentalismus alten Stils, der sich im Kampf gegen den Kommunismus mit dem Westen verbündet hatte. Als Argument für die Fortsetzung dieser Politik wurde auf den besonderen Charakter des schiitischen Islams iranischer Prägung verwiesen, der im Gegensatz zu dem in der muslimischen Welt mehrheitlich vertretenen sunnitischen Islam stehe. Von diesem hieß es, er sei unempfänglich für den Antiamerikanismus der neuen Regierung in Teheran. Das Ende der Sowjetunion und die Abwendung bedeutender Teile des sunnitischen Fundamentalismus von Washington nach der US-Intervention im Irak und der Truppenstationierung auf der arabischen Halbinsel stellten vor allem nach dem 11. September 2001 Washingtons Flirt mit dem islamischen Fundamentalismus immer mehr in Frage. Das hinderte aber den Zauberlehrling Washington, der ganz offensichtlich unfähig ist, eine Lehre aus den Erfahrungen zu ziehen, nicht daran, sich erneut mit afghanischen Fundamentalisten innerhalb der Nordallianz zu verbünden, um die Taliban zu stürzen und Afghanistan zu beherrschen und mit schiitischen wie sunnitischen Fundamentalisten im Irak zusammenzuarbeiten, um das besetzte Land gemeinsam zu verwalten.

Wachstum und Wandel der Hisbollah

Die Entstehung der Hisbollah – der Partei Gottes – ist zwei bedeutenden Ereignissen zu verdanken, die den Nahen Osten aufgerüttelt haben: der iranischen Revolution 1979 und dem israelischen Einmarsch im Libanon 1982. Die „islamische Revolution" gab dem antiwestlichen islamischen Fundamentalismus in der gesamten muslimischen Welt gewaltigen Auftrieb und erlaubte diesem, ein Terrain zu besetzen, das angesichts des Scheiterns des mehr oder weniger fortschrittlichen Nationalismus und des Fehlens einer radikalen Linken unbeackert geblieben war – das Terrain des Kampfes gegen die westliche Vorherrschaft und die mit dem Westen verbündeten lokalen Despoten.

Damit gelang es der Hisbollah, die nachfolgende Radikalisierungswelle unter den libanesischen Schiiten, jener Gruppe, die aufgrund religiöser Affinität für den Einfluss der iranischen Revolution besonders empfänglich war, zu kanalisieren. Neben dem enormen Einfluss, den die iranische Revolution bereits genoss, beschleunigte der israelische Einmarsch 1982 die Radikalisierung innerhalb der Amal und brachte eine „islamische" Abspaltung hervor, die sich auf den in der Bewegung bisher lediglich tolerierten Khomeinismus berief. Die 1985 offiziell unter dieser Bezeichnung gegründete Hisbollah wurde schon in ihrer Entstehungszeit ab 1982 mit direkter ideologischer, politischer, militärischer und finanzieller Hilfe Teherans aufgebaut, indem sie sich im Widerstand gegen die israelische Besatzung engagierte, aber auch im politischen und ideologischen Kampf um Hegemonie unter den libanesischen Schiiten.

Die Hisbollah berief sich auf ihre khomeinistische Radikalität gemäß der Lehre des iranischen islamischen Fundamentalismus: Bekenntnis zum Modell der „islamischen Republik" und zum theokratischen Prinzip der *Welayat-e faqih* (Herrschaft des obersten Rechtsgelehrten), Gehorsam gegenüber dem „Obersten Führer" Khomeini und radikale Feindschaft gegenüber Israel[12], der westlichen Herrschaft und deren Vertretern im Libanon. Sie grenzte sich so von der Amal ab, der sie anlastete, in die korrupten Machenschaften der libanesischen Politik verstrickt zu sein. Die Gelder, die die Hisbollah aus dem Iran erhielt, übertrafen schon bald die Summen, die der Amal zur Verfügung standen, der es an vergleichbar mächtigen und reichen Geldgebern fehlte. Dieses iranische Geld setzte die Hisbollah sinnvoll und, verglichen mit anderen libanesischen Gruppen, mit einer beachtlichen Immunität gegenüber der Korruption dafür ein, ein Netz an sozialen Dienstleistungen aufzubauen, die in Konkurrenz zu jenen der Amal standen und sie an Bedeutung übertrafen. Damit konnte sich die Partei eine eindrucksvolle Massenbasis in der schiitischen Bevölkerung aufbauen.[13] In dem Maß, wie sich die Basis unter den Schiiten verbreitete, stieg auch die Finanzkraft der Hisbollah, insbesondere durch Erhebung einer Religionssteuer unter ihren Anhängern.

In ihrer Entstehungsphase führte die Hisbollah einen erbitterten Kampf gegen ihre Konkurrenz im schiitischen Lager. Eine der Kräfte, die sie umstandslos als Konkurrenz betrachtete, die es auszuschalten galt, war die Kommunistische Partei des Libanon, die unter den Schiiten stark verankert war. Zudem hatte sie 1982 als erste den Widerstand gegen Israel aufgenommen und konnte damit auf Kosten der Amal das Radikalisierungspotenzial binden, das durch die Invasion entstanden war. Der Kampf gegen die Kommunisten wurde nicht nur ideologisch ausgetragen. Die Hisbollah steht in schwerem Verdacht, in den Jahren, die auf ihre offizielle Ausrufung 1985 folgten, mehrere kommunistische Parteimitglieder, darunter auch einige der bekanntesten schiitischen Kommunisten, ermordet zu haben. In dieser Zeit kam es 1987 auch zu blutigen Zusammenstößen mit der syrischen Armee und im Jahr darauf sogar mit der Amal.

Die Hisbollah versuchte, allein Prestige aus dem Widerstand gegen die Besatzungsmacht zu ziehen, indem sie in Konkurrenz zum „Nationalen Widerstand" der laizistischen politischen Kräfte den „Islamischen Widerstand" aufbaute. Dafür tat sie sich durch ihren selbstlosen Kampf, ihre Fähigkeit, „Märtyrer" aufzubieten und ihre militärische Ausbildung und Ausrüstung, über die sie dank dem Iran verfügte, zweifellos hervor. Sie versuchte aber auch, ihr Monopol auf den bewaffneten Kampf in den Regionen, die unter ihre Kontrolle geraten waren – den Widerstandszonen im Südlibanon –, gewaltsam durchzusetzen.

Dasselbe traf übrigens auch auf die Amal in den von dieser Bewegung kontrollierten Landstrichen zu, was dazu beitrug, die Widerstandstätigkeit der Kommunisten zu behindern.[14] Als sich Israel im Jahr 2000 gezwungen sah, den letzten Rest des 1982 besetzten libanesischen Territoriums zu räumen, beanspruchte die Hisbollah das ganze Prestige dieses Sieges für sich – was zwar berechtigt ist, aber die Rolle anderer, laizistischer oder linker Strömungen im Widerstand unterschlägt, die auch nicht zu vernachlässigen ist.

Nach der unerbittlichen Konkurrenz der ersten Jahre fand die Hisbollah einen *modus vivendi* mit den anderen Organisationen, die unter den Schiiten vertreten waren. Die Vermittlung Teherans zementierte ihr Bündnis mit der Amal und dem syrischen Regime. Im Lauf der Jahre wandelte sich die Partei. Ihr Charakter als Massenpartei gewann nach und nach die Oberhand über ihre Rolle als Organisation des bewaffneten Widerstands. Dieser Wandel wurde durch die Veränderungen beschleunigt, die nach dem Tod von Ajatollah Khomeini 1989 und der Ernennung des ausgesprochen „pragmatischen" Ali Akbar Hachemi Rafsandjani zum Präsidenten sowie Ajatollah Ali Khameinis zum „Obersten Führer" im Iran eintraten. Ebenfalls beschleunigt wurde er natürlich durch die veränderte politische Lage im Libanon, die ihren Ausdruck im Abkommen von Taif im selben Jahr und der Beendigung des Bürgerkriegs ein Jahr später fand.

Im befriedeten Libanon der 1990er Jahre wurde die Hisbollah nun auf dem Terrain der Politik und der Institutionen aktiv und zu einem der Hauptakteure im politischen Alltag des Landes. Dieser Wandel wurde dadurch begünstigt, dass die Partei schon bald von ihrer ursprünglichen Inspirationsquelle abgerückt war und der Tatsache Rechnung trug, dass das Programm einer „islamischen Republik" angesichts des multikonfessionellen Libanon unangemessen ist. In der Folge begnügte sie sich damit, ihre Hegemonie über die schiitische Bevölkerung auszubauen und aus dieser Position der Stärke Einfluss auf die politische Entwicklung des Landes zu nehmen.

Khomeinismus auf libanesisch

Schon in ihrer ersten programmatischen Erklärung, dem „Brief der Unterdrückten" (*mustazafin*)[15] aus dem Jahr 1985, nahm die Hisbollah faktisch zur Kenntnis, dass die Aussicht auf einen islamischen Staat nach iranischem Vorbild im Libanon unmöglich war, wollte man die Zusammensetzung der Bevölkerung nicht gewaltsam verändern oder eine Abspaltung provozieren. In ihrem Bemühen, die libanesischen Christen zu beschwichtigen, forderte die neue Partei zwar die Christen auf, zum Islam überzutreten, und alle Libanesen, sich für eine neue islamische Regierung zu entscheiden, stellte aber klar, dass es für sie nicht in Frage käme, dieses Ziel gewaltsam durchzusetzen. Umgekehrt lehnte sie die „religiösen Privilegien" der Christen ab und schloss sich der im Libanon vorherrschenden Ideologie an, die Machtfrage eher aus dem Blickwinkel der Ungleichheit zwischen den Religionsgemeinschaften zu betrachten als aus dem Blickwinkel sozialer Ungleichheit. Diesem Verständnis zufolge waren die *mustazafin* also nicht als deklassierte Gesellschaftsschicht benachteiligt, sondern als Konfessionsgemeinschaft.

Mit ihrer zunehmenden Eingliederung in das gesellschaftliche Gefüge des Libanon rückte die Hisbollah faktisch von ihrem ursprünglich an Khomeini orientierten fundamentalistischen Programm ab und übernahm in spezifischer Weise das auf die Osmanen zurückgehende Prinzip der „Millets", das die libanesischen Institutionen kennzeichnet. Diesem System zufolge genießt jede konfessionelle Gemeinschaft in der Regelung ihrer religiösen wie zivilen Belange eine gewisse Autonomie; die Staatsbürgerschaft etwa ist an die Zugehörigkeit zur Gemeinschaft geknüpft.[16] Die Partei steht voll und ganz hinter diesem Grundsatz und wendet ihn auch auf Fragen an, die weit über den Personenstand hinausgehen. In den von der Hisbollah kontrollierten Regionen praktiziert diese dank ihrer politisch-religiösen Organisation, ihrem Netz an sozialen Dienstleistungen und ihren Bildungs- und Finanzinstitutionen eine wesentlich umfassendere Autonomie, die sich auch auf Politik, Soziales und Kultur, ja teilweise sogar auf das Rechtswesen erstreckt.

In diesem Sinn ist der Begriff einer von der Hisbollah verwalteten „Gegengesellschaft" nicht wirklich zutreffend. Dieses in der Analyse der historischen Rolle der Kommunistischen Partei Frankreichs entwickelte Konzept, das von einem libanesischen Soziologen[17] auf die Hisbollah übertragen wurde, verweist auf eine Art von Gruppierung, die sich als Keim einer Gesellschaftsorganisation versteht, die die bestehende kapitalistische Gesellschaft überwinden will. Die konfessionell ausgerichtete Organisation der Hisbollah ist nicht dazu berufen, sich über die gesamte libanesische Gesellschaft auszudehnen, und kann es vernünftigerweise auch nicht sein. So begnügt sie sich mit ihrem „natürlichen", das heißt konfessionellen Umfeld, wo sie ihren Platz neben den politischen und religiösen Organisationen der anderen Gemeinschaften und dem Staatsapparat und weniger gegen diese einnimmt.

Zwar gibt es sehr wohl einen „Hisbollah-Staat", um den Titel des Werks desselben Soziologen aufzugreifen, oder genauer gesagt einen Unterstaat im libanesischen Staat. Das ist im Libanon, der sich seit dem Scheitern des Chehabismus unaufhaltsam zu einer Föderation von Konfessionsgemeinschaften auf der Grundlage einer erweiterten, eigenen Version des osmanischen Systems entwickelt hat, aber kein Einzelfall. Die Besonderheit des libanesischen Modells liegt darin, dass innerhalb einer konfessionellen Gemeinschaft Untergemeinschaften unterschiedlicher politischer Zugehörigkeit bestehen können, die über verschiedene, unterhalb der staatlichen Ebene angesiedelte Elemente verfügen. In diesem Sinn ist der Libanon weiterhin geprägt durch das System der Warlords, das sich mit Ausbruch des Bürgerkriegs 1975 etabliert hat.

Das erklärt, warum es der Hisbollah 1989/90 nicht schwer gefallen ist, sowohl in der Frage einer ausgewogeneren Machtverteilung zwischen den konfessionellen Gruppen im Libanon als auch hinsichtlich des Ziels, den „politischen Konfessionalismus abzuschaffen", dem Kompromiss von Taif zuzustimmen. Letzteres setzt die völlige Abschaffung der konfessionellen Sitz- und Postenverteilung in Institutionen voraus, womit die tatsächlichen Kräfteverhältnisse zwischen den politisch-konfessionellen Strömungen zum Tragen kommen würden. Als wichtigste Kraft der größten libanesischen Bevölkerungsgruppe könnte die Hisbollah von einer solchen Aufhebung nur profitieren. Diese ist aber nicht zu verwechseln mit dem Laizismus, also der Einführung eines zivilgesetzlich verankerten, für alle Gemeinschaften gleichermaßen geltenden Personenstands und der strikten Trennung von Religion und Staat, die dem islamischen Fundamentalismus als konstitutivem Element der Hisbollah völlig zuwiderliefe. Diese Ideologie leistet reaktionären Einstellungen zur Geschlechterfrage und der privaten wie öffentlichen Moral Vorschub, selbst wenn die Haltung der Partei zum Thema Frauen weniger rückschrittlich ist als in den meisten Hochburgen des sunnitischen islamischen Fundamentalismus, wie auch der Iran deutlich weniger rückschrittlich ist als das saudische Königreich.

Die Eigenständigkeit der Hisbollah gegenüber ihrem iranischen Vorbild drückt sich auch im Verhältnis der Partei zu Teheran aus. Die Islamische Republik Iran bleibt der oberste Bezugspunkt für die Partei, die dem „Obersten Führer" im Iran ihre programmatischen Erklärungen zur Zustimmung vorlegt. Dennoch ist die libanesische Partei kein einfacher Ableger des iranischen Regimes, der direkt der Kontrolle Teherans unterstünde. Sie genießt echte Autonomie, die ihr der Iran umso bereitwilliger einräumt, als es sich um einen ausgesprochen wichtigen Verbündeten handelt, der sich, wenn die Bevormundung durch Teheran zu drückend würde, von der Islamischen Republik absetzen könnte, selbst wenn das mit empfindlichen finanziellen Einbußen verbunden wäre. Davon kann momentan allerdings nicht die Rede sein. Die libanesische Partei ist vielmehr das angesehenste Mitglied der Khomeini-Bewegung in der Region, der auch der Oberste Rat der islamischen Revolution im Irak angehört, eine Bewegung, die den harten Kern des informelleren regionalen Bündnisses bildet, das zwischen dem Iran, dem „laizistischen" syrischen Regime und der sunnitischen palästinensischen Hamas besteht.

Aus den bisherigen Ausführungen und der Geschichte der Organisation geht hervor, dass zwischen dem Gehorsam der Hisbollah gegenüber Teheran und ihrem Bündnis mit Damaskus ein erheblicher Unterschied besteht, auch wenn die iranischen Waffenlieferungen an die Hisbollah zwangsläufig über Syrien gehen, das damit über ein wichtiges Druckmittel verfügt, um auf die libanesische Organisation einzuwirken. In jedem Fall aber hängt die Hisbollah weniger von der Unterstützung Teherans und Damaskus' ab als Israel von der Unterstützung Washingtons, schon allein deshalb, weil es einer Organisation leichter fällt als einem strukturell abhängigen Staat, bei Bedarf auf die von außen bezogene Unterstützung zu verzichten, indem sie ihre Ausgaben zurückschraubt. Diesbezüglich ist die von den Vereinigten Staaten und Israel gegen die Hisbollah erhobene Anschuldigung der Hörigkeit gegenüber dem Iran nur ein Ausdruck der ungeheuren Unverfrorenheit und egozentrischen Arroganz, die beide auszeichnet.[18]

Widerstand und Wohltätigkeit

Der Wandel der Hisbollah in den 90er Jahren wurde begünstigt durch den Wechsel an der Parteispitze, wo Hassan Nasrallah nach der Ermordung seines Vorgängers durch Israel 1992 die Funktion des „Generalsekretärs" übernahm. Nasrallah ist ebenfalls ausgesprochen pragmatisch. Die Hisbollah beteiligte sich von da an regelmäßig an Parlamentswahlen, die seit 1972 erstmals wieder durchgeführt wurden, und war seither stets durch mehrere Abgeordnete vertreten. Unter den Schiiten wurde sie die mit Abstand beliebteste Kraft, deren Popularität untrennbar mit den von der Partei angebotenen sozialen Dienstleistungen und dem Kampf gegen die israelische Besatzung im Südlibanon verbunden ist. Der israelische Rückzug im Jahr 2000 markierte ein wichtiges Ereignis in der Geschichte des bereits seit langem andauernden israelisch-arabischen Konflikts. Erstmals seit Entstehung des Staates Israel war dieser gezwungen, seine Truppen nur unter dem militärischen Druck einer Guerilla ohne internationale Pressionen aus erobertem Gebiet zurückzuziehen, ohne Bedingungen durchsetzen zu können.

Der Kampf der Hisbollah bedeutete eine doppelte Legitimation für die Partei, auf politischer Ebene wie auch hinsichtlich ihrer Bewaffnung, da sie nach 1990, als sich die anderen libanesischen Kräfte gemäß dem Abkommen von Taif mehr oder weniger ernsthaft anschickten, ihre Waffen abzuliefern, diese im Namen des Widerstands gegen die Besatzungsmacht behielt.

Nach dem Jahr 2000 hielt die Hisbollah unter Verweis auf die Streitpunkte zwischen Israel und dem Libanon, die noch einer Klärung bedurften, an der Legitimität ihrer Bewaffnung fest. Gemeint sind die sogenannten Sheeba-Farmen und die Hügel von Kfar Shouba, die seit 1967 besetzt sind[19], die libanesischen Gefangenen in israelischer Haft und vor allem Israels ständige Übergriffe auf die libanesische Boden-, Luft- und Seehoheit, die eine anhaltende Bedrohung des Landes vor einer neuen Invasion darstellen.

Diese Tatsache ist das eigentliche Hauptargument, das die Bewaffnung der Hisbollah legitimiert, um sich selbst und die von Israel mehrfach angegriffene schiitische Bevölkerung im Südlibanon zu verteidigen und Israel von einer erneuten Besetzung libanesischen Territoriums abzuhalten. Der Gefangenenaustausch im Januar 2004, bei dem die Hisbollah von Israel als Gegenleistung für die Freilassung einer israelischen Geisel und die Überführung der sterblichen Überreste von drei Soldaten die Freilassung von 435 libanesischen und palästinensischen Gefangenen und die Überführung der sterblichen Überreste von rund 60 Kämpfern erwirken konnte, erhöhte ihr Ansehen zusätzlich. Diese Übereinkunft bestärkte die Partei auch in der Überzeugung, die einzige Möglichkeit, die Freilassung der nach wie vor in Israel festgehaltenen libanesischen Gefangenen – darunter Samir Kuntar, der infolge einer Kommandooperation der Befreiungsfront Palästinas seit 1979 in Haft ist – durchzusetzen, sei, sie gegen israelische Geiseln auszutauschen.

Bis zum Abzug der syrischen Truppen aus dem Libanon gab sich die Partei in Sachen Regierungsbeteiligung zurückhaltend, da sie nicht das Risiko eingehen wollte, gegen ihren Willen mit Entscheidungen in Verbindung gebracht zu werden, die ihrer Ideologie oder politischen Ausrichtung möglicherweise widersprochen hätten, was sie in Konflikt mit Damaskus, dem tatsächlichen Machtzentrum[20], gebracht hätte. Die Ausgangslage veränderte sich nach dem vollständigen Abzug der syrischen Truppen 2005 noch vor den Parlamentswahlen desselben Jahres. Die libanesische Regierung konnte erneut autonom über richtungsweisende Fragen hinsichtlich der Zukunft des Landes entscheiden. Auf der Linie ihres Wahlabkommens mit den Kräften des antisyrischen Bündnisses vom 14. März beschloss die Hisbollah daher, sich durch zwei Minister aus den eigenen Reihen vertreten zu lassen.

Die Kräfte der Parlaments- und Regierungsmehrheit unter Führung von Fuad Siniora, einem Mitglied der „Hariri-Gruppe" im politischen wie unternehmerischen Sinn des Wortes, beharrten jedoch auf der Entwaffnung der Hisbollah und verwiesen auf die unter dem Druck Washingtons im Sicherheitsrat der Vereinten Nationen beschlossene Resolution 1559. Das veranlasste die Hisbollah, sich faktisch der Opposition anzuschließen, ohne allerdings aus der Regierung auszutreten. Im Abkommen, das die Hisbollah im Februar 2006 mit Michel Aun schloss, bestätigte sich diese Situation.

Dieselben Umstände bewogen die Partei dazu, sich zusammen mit der restlichen Opposition, zu der die Kommunisten, aber auch die Strömung von General Aun und andere Parteien zählen, die niemand als links bezeichnen würde, gegen die ausgesprochen unpopulären neoliberalen Maßnahmen auszusprechen, die die Regierung Siniora durchzusetzen versuchte. Das geschah im Übrigen nicht ohne ein gewisses Zögern: Einer der beiden Hisbollah-Minister in der Regierung Siniora sitzt als Arbeitsminister im Obersten Rat für Privatisierung, der andere zeigte sich als Minister für Elektrizitätsversorgung in der Frage der Privatisierung des ihm unterstehenden Sektors unentschlossen. Die Gelegenheit, ein starkes Anliegen der Bevölkerung gegen die Regierungsmehrheit ins Spiel zu führen, der Druck der kommunistischen Bündnispartner und vor allem die Tatsache, dass die Lasten der Stromprivatisierung vor allem von der armen Bevölkerung, der Wählerbasis der Hisbollah, zu tragen wären, gaben für den Minister letztlich den Ausschlag, die Pläne fallen zu lassen.

Tatsache ist, dass nichts in der programmatischen Ausrichtung der Hisbollah, die in diesen Fragen ausgesprochen vage bleibt, eine Kritik am Kapitalismus oder auch nur seiner neoliberalen Spielart erkennen lässt. Die Partei etablierte sich nicht als Oppositionskraft gegen den neoliberalen Kurs von Rafik Hariri, als dieser libanesischer Regierungschef war, und ihre Ansichten stehen ihren Bündnissen in keiner Weise im Weg. Das Bündnis vom 14. März unter Führung von Saad Hariri konnte sich auch nur dank des Wahlabkommens mit der Hisbollah eine satte Mehrheit im libanesischen Parlament sichern. Dennoch geht von der sozialen Basis, die mehrheitlich aus armen Bevölkerungsschichten kommt, ein Druck auf die Hisbollah aus, bei den unpopulärsten Wirtschafts- und Sozialreformen auf Oppositionskurs zu gehen. Die Vielfalt der in der Hisbollah und ihrem Umfeld vertretenen sozialen Schichten kann sogar zu ähnlichen Divergenzen führen, wie sie innerhalb des iranischen Regimes zwischen populistischen und traditionell kapitalistischen Strömungen bestehen.

In sozioökonomischer Hinsicht gehen die Parteivorstellungen von sozialer Gerechtigkeit nicht über die steuerliche Umverteilung hinaus, wie sie die islamische Scharia vorsieht. Die Hisbollah setzt die Finanzmittel, die sie in ihrem sozialen Umfeld erhebt, und das Geld, das sie aus dem Iran erhält, für Hilfe an die Bedürftigen ein und trägt mit dieser Politik dazu bei, dass sich diese mit ihrem Schicksal abfinden, anstatt zu einem Motor des sozialen Wandels zu werden. Sehr treffend wurde dies kürzlich in einem Editorial der Zeitung *Al-Akhbar*, einer der Hisbollah nahestehenden libanesischen Tageszeitung, erklärt: „Seit wieder Frieden eingekehrt ist und mit dem Wiederaufbau des Staates begonnen wurde, sind die Eliten an die Macht gelangt. Sie haben ein bequemes Leben genossen, während die ärmsten Bevölkerungsschichten weiter gekämpft und sich geopfert haben, um den besetzten Süden zu befreien. Indem die Hisbollah auf die Vordringlichkeit des Befreiungskampfes gegenüber anderen innenpolitischen und sozialen Kämpfen pocht und die Kräfte ihrer Massenbasis mobilisiert, die mehrheitlich zu den Armen zählt, hat sie zur Aufrechterhaltung des sozialen ‚Friedens‘ im Libanon beigetragen. Unter anderen Umständen hätte die ungerechte neoliberale Politik, die während der Phase des Wiederaufbaus der 1990er Jahre eingeführt wurde, zu heftigen sozialen Aufständen geführt. Der Partei gelang es, dank ihrer Sozial-, Bildungs- und Wohlfahrtseinrichtungen und -vereine für breite Teile der libanesischen Bevölkerung ein soziales Sicherheitsnetz aufzubauen, während von staatlicher Seite jegliche Sozialpolitik fehlt. Die erwähnten Eliten hätten der Hisbollah danken sollen, anstatt sie weiter anzufeinden."[21]

Die Geiselnahme vom 12. Juli 2006
Im Bemühen, ihre im Interesse des Libanon legitime Bewaffnung zu verteidigen, verschärfte die Hisbollah den Ton in der Frage der Sheeba-Farmen und der von Israel festgehaltenen Gefangenen.[22] In einer aus Anlass des 28. Jahrestages der Gefangennahme von Samir Kuntar am 24. April 2006 gehaltenen Rede versprach Hassan Nasrallah feierlich, sich für die Freilassung des Gefangenen einzusetzen, und kündigte in Anspielung auf die zu diesem Zweck unmittelbar bevorstehende

„Widerstandsaktion" an, dass diese „sehr sehr bald" stattfinden werde. Noch präziser äußerte sich der Hisbollah-Chef, als er darauf hinwies, Israel erwarte bereits eine Entführung israelischer Soldaten: „Während des ganzen letzten Monats hat sich Israel entlang der gesamten libanesischen Grenze zum besetzten Palästina in höchster Alarmbereitschaft befunden. In dieser Zeit gab es Kontakte auf offizieller und internationaler Ebene mit uns, um uns über die Gründe für diese Alarmbereitschaft und Israels Angst, wir könnten einen israelischen Soldaten entführen oder festnehmen, zu informieren."[23]

Offensichtlich bereitete die Hisbollah seit März eine militärische Geiselnahme vor, die schließlich am 12. Juli 2006 erfolgte. Am Tag der Operation erklärte Nasrallah selbst, diese sei bereits seit fünf Monaten vorbereitet worden. Durch die regionalen Begleitumstände erhielt die Operation im Juli zusätzliches Gewicht, da Israel unter dem Vorwand der Entführung eines israelischen Soldaten seit dem 28. Juni eine Militäroperation gegen den palästinensischen Gazastreifen begonnen hatte. Angesichts des Ausmaßes und der Schonungslosigkeit des israelischen Angriffs auf den Gazastreifen musste im Fall einer Entführung israelischer Soldaten durch die Hisbollah wenige Tage nach dem palästinensischen Präzedenzfall eine ausgesprochen harte Antwort Israels gegen den Libanon erwartet werden.

Dennoch glaubte die Hisbollah-Führung nicht, dass es dazu kommen würde. In einem langen, am 27. April 2006 in der Zeitschrift *As-Safir* veröffentlichten Interview hatte Nasrallah erklärt, Israel werde es sich sehr gut überlegen, eine neue Offensive zu starten, da der Norden Israels wichtigste Region sei und die israelische Führung wisse, dass die Hisbollah über die Mittel verfüge, diesen im Fall eines Angriffs auf den Libanon zu bombardieren. Das sollte sich als gravierende Fehleinschätzung erweisen, da Israel offenbar entschlossen war, keinerlei regionale Abschreckung zu dulden, die die israelische Bewegungsfreiheit einschränken würde. Im Übrigen gestand der Hisbollah-Chef in einem Interview vom 27. August 2006 mit dem libanesischen Fernsehsender *New TV* diese Fehleinschätzung freimütig ein:

„Wir haben nicht eine Sekunde lang angenommen, die Gefangennahme von Geiseln könnte zu einem Krieg solchen Ausmaßes führen. *Warum?* Aufgrund der Erfahrung früherer Jahrzehnte und weil wir wissen, wie der Israeli handelt, war es undenkbar, dass die Antwort auf eine Geiselnahme insbesondere in der Tourismussaison eine solche Dimension annehmen würde. In der Geschichte der Kriege ist es noch nie vorgekommen, dass ein Staat wegen eincs festgenommenen oder getöteten Soldaten gegen einen anderen einen Krieg beginnt. Wenn Sie mich nun fragen, [was wir gemacht hätten,] wenn ich auch nur mit einprozentiger Wahrscheinlichkeit geahnt hätte, dass die Entführung einen Krieg solchen Ausmaßes nach sich ziehen würde: in diesem Fall hätten wir sicher darauf verzichtet, und zwar aus menschlichen, moralischen, militärischen, sozialen, politischen und Sicherheitserwägungen."[24]

Im selben Interview wies Nasrallah zu Recht darauf hin, dass der israelische Angriff auf den Libanon bereits vorbereitet war, und zitierte Untersuchungen, die nach dem Krieg insbesondere in den Vereinigten Staaten erschienen waren.[25] Diese zeigen, dass der Plan für die Offensive von Israel in Absprache mit Washington ausgearbeitet worden war und die Operation vom 12. Juli nur den Vorwand lieferte, diesen Plan ausführen zu können. Allerdings spielte der Hisbollah-Chef die Bedeutung dieses Vorwands, den seine Organisation durch ihre Aktion geliefert hatte, herunter und beteuerte, die israelischen Geheimdienste hätten einen solchen, wenn sie den Zeitpunkt für die Offensive als geeignet betrachtet hätten – gemäß Nasrallah im Herbst 2006 –, gegebenenfalls selbst geschaffen.

Sicher ist jedenfalls, dass die israelische Offensive tatsächlich lang geplant war. Die israelischen Verantwortungsträger gaben selbst klar zu verstehen, dass diese von langer Hand vorbereitet war, sie aber auf eine politisch günstige Gelegenheit gewartet hatten, um diese zu beginnen. So erklärte Ministerpräsident Ehud Olmert in der Londoner *Times* völlig arglos: „Ich habe gehört, dass manche meinten, Israel hätte den Libanon in den letzten fünf Jahren seit unserem Rückzug wegen dem, was [dort] entstanden ist – eine riesige Infrastruktur für die Hisbollah –, schon früher angreifen sollen. Ich muss Ihnen ganz ehrlich sagen: Ich war nur einen Teil dieser Zeit in der Regierung, doch können Sie sich beispielsweise vorstellen, [Ariel] Scharon hätte auch nur die geringste Unterstützung von irgendjemandem erhalten, wenn er zu einem beliebigen Zeitpunkt in den letzten fünf Jahren einen Angriff auf den Libanon beschlossen hätte? [...] Seien wir ehrlich. Hätte er zu diesem Zeitpunkt irgendetwas dergleichen unternommen, insbesondere ohne eine Provokation der Art, wie wir sie jetzt vor uns haben, wie hätte dann die Welt reagiert? Wie hätte die öffentliche Meinung in Israel reagiert?"[26]

Genauso freimütig beantwortete Brigadegeneral Jossi Kuperwasser, bis vor kurzem Leiter des israelischen Armeenachrichtendienstes, die Frage eines *Haaretz*-Journalisten, ob es nicht in den letzten Jahren Stimmen gegeben habe, die einen Präventivschlag gegen die Hisbollah gefordert hätten: „Nein, das kam von niemandem, denn es war klar, dass das nicht machbar ist. Um so etwas zu machen, muss man – und das können nicht einmal die Vereinigten Staaten – internationale Unterstützung für einen Präventivschlag mobilisieren können. Als die Vereinigten Staaten für ein präventives Manöver in den Irak zogen, ist es ihnen nicht gelungen, internationale Unterstützung zu gewinnen. Wie wollen Sie da, dass Israel so etwas macht? Das meinen Sie doch nicht im Ernst."[27]

Noch deutlicher waren die Erklärungen von Personen ohne offiziellen Status. Ein Beispiel ist Ron Pundak, Leiter des Peres-Zentrums für Frieden und ehemaliger israelischer Unterhändler in Gesprächen mit den Palästinensern, der gegenüber der *New York Times* erklärte: „Die Hisbollah hat ihnen eine wunderbare Gelegenheit geboten, etwas zu machen, worauf die Armee mit einem Einsatzplan reagieren konnte, der bereits fertig in den Schubladen gewartet hat."[28]

Diese und viele weitere Erklärungen bestätigen unumwunden, dass der Angriff gegen den Libanon von 2006 schon lange im Voraus geplant war und man nur auf die passenden politischen Rahmenbedingungen wartete, um einen entschlossenen internationalen Rückhalt einschließlich der uneingeschränkten politischen Unterstützung durch die USA und der Zustimmung durch die öffentliche Meinung in Israel zu gewährleisten.

Aus dieser Sicht war die Geiselnahme vom 12. Juli, wenn sie auch zu Recht als legitimer Akt des Widerstands gesehen werden kann, ausgesprochen ungeschickt und kam besonders ungelegen. Sie bot der israelischen Regierung den Vorwand, mit ausdrücklicher oder stillschweigender Unterstützung aller Westmächte ohne jegliche Zurückhaltung eine Offensive von beispielloser Schonungslosigkeit und Zerstörungswut zu beginnen – auch wenn sich Israel für die lang anhaltenden Bombardierungen von mancher europäischen Regierung ein paar lächerliche Vorhaltungen im Ton freundschaftlicher Ratschläge gefallen lassen musste.

Washington und seine arabischen Verbündeten konnten die Hisbollah für den Ausbruch der Feindseligkeiten verantwortlich machen und ihr vorwerfen, bewusst auf Befehl Teherans gehandelt zu haben. Die Unterstützung der Vereinigten Staaten und ihrer europäischen Verbündeten für diesen neuen israelischen Angriff, der als Ausübung der „legitimen Selbstverteidigung" Israels dargestellt wurde, war entschiedener als je zuvor bei einem israelischen Angriff auf den Libanon. Doch obwohl die Hisbollah Israel durch ihre Fehleinschätzung einen guten Vorwand geliefert hatte, gelang es ihr, den Angriff in beeindruckender Weise unter Kontrolle zu bringen und die Situation zu ihren Gunsten zu wenden. Letztlich erwies sich die israelische Fehleinschätzung gegenüber jener der Hisbollah als wesentlich schwerwiegender.

Kapitel 3

Der 33-Tage-Krieg und seine Folgen für den Libanon

Um die Hintergründe des 33-Tage-Krieges zu verstehen, Bilanz zu ziehen und beurteilen zu können, was seit der am Morgen des 14. August in Kraft getretenen Waffenruhe im Libanon geschieht, müssen die mit den Vereinigten Staaten abgesprochenen und von diesen gedeckten wahren Ziele der israelischen Offensive von ihrem Ablauf her analysiert werden, zumal diese Ziele auf israelischer Seite sehr verschwommen blieben.[29]

Die wahren Ziele der israelischen Offensive

Das Hauptziel des israelischen Angriffs war natürlich die Zerstörung der Hisbollah. Dieses Ziel versuchte Israel im Wesentlichen durch die Kombination dreier Mittel zu erreichen:

Das erste Mittel bestand darin, die Hisbollah durch intensive Bombardierungen tödlich zu treffen, wobei sich Israel – um die gebräuchliche Terminologie des Pentagons aufzugreifen, dessen strategische Optionen der israelische Generalstab übernommen hat – auf den „überwältigenden asymmetrischen Vorteil" seiner Armee stützte. Mit diesem Feldzug sollte die Hisbollah von ihren Nachschublinien abgeschnitten, ihre militärische Infrastruktur (Raketenlager, Raketenwerfer etc.) weitgehend vernichtet, viele ihrer Kämpfer getötet und die Bewegung durch Ermordung von Hassan Nasrallah und anderen Schlüsselfiguren der Organisation führungslos gemacht werden.

Das zweite Mittel bestand darin, einen Keil zwischen die Hisbollah und ihre Massenbasis unter den libanesischen Schiiten zu treiben, indem Israel die Partei für ihre Tragödie verantwortlich machte. Das kam in einer regelrechten psychologischen Kriegsführung zum Ausdruck, beispielsweise durch den Abwurf von Flugblättern, die im Libanon einhellig als ausgesprochen ungeschickt empfunden wurden. Es setzte natürlich voraus, dass Israel den libanesischen Schiiten durch verheerende Flächenbombardierungen, die vorsätzlich Dörfer und Stadtteile dem Erdboden gleichmachten und Hunderte von Toten in der Zivilbevölkerung forderten, enormen Schaden zufügte.

Es ist nicht das erste Mal, dass Israel zu einer solchen, nach internationalem Recht verbrecherischen Strategie Zuflucht sucht. Als die PLO vor der ersten israelischen Invasion 1978 im sogenannten „Fatah-Land" im Südlibanon aktiv war, nahm Israel die Wohngebiete, neben unbewohntem Gelände, von dem aus Geschosse auf israelisches Territorium abgefeuert wurden, gewöhnlich unter schweren Dauerbeschuss. Damals konnte so ein bedeutender Teil der südlibanesischen Bevölkerung gegen die PLO aufgewiegelt werden, was umso leichter gelang, als in der Region noch feudalähnliche reaktionäre Kräfte den Ton angaben und die palästinensischen Kämpfer durch ihr oft unmögliches, autoritäres bis mafioses Verhalten leicht als Eindringlinge abgelehnt werden konnten. Die Hisbollah ist in der schiitischen Bevölkerung dagegen wesentlich geachteter, und so dachte Israel, diesmal dasselbe Ziel durch eine drastische Intensivierung und Verschärfung der kollektiven Bestrafung erreichen zu können.

Das dritte Mittel bestand darin, das Leben der gesamten Bevölkerung massiv und schwerwiegend zu beeinträchtigen und sie durch eine Luft-, See- und Landblockade kollektiv in Geiselhaft zu nehmen. Vor allem die Nicht-Schiiten sollten gegen die Hisbollah aufgebracht werden, um ein Klima zu schaffen, das ein militärisches Vorgehen der libanesischen Armee gegen die Hisbollah begünstigt hätte. Aus diesem Grund erklärten zu Beginn der Offensive offizielle israelische Vertreter, darunter Ministerpräsident Olmert höchstpersönlich, sie wünschten keinerlei Stationierung einer anderen Armee als der libanesischen im Südlibanon, was einer Verunglimpfung der bereits stationierten UN-Truppen UNIFIL gleichkam. Gleichzeitig forderten sie mit der Unverfrorenheit eines Landes, das den historischen Rekord in der Nichteinhaltung von UN-Resolutionen hält, die Durchsetzung von Resolution 1559 des Sicherheitsrates.

Gemessen am Hauptziel und den drei beschriebenen Mitteln war die israelische Offensive offensichtlich ein völliger Fehlschlag. Es gelang nicht einmal, das der Offensive offiziell zum Vorwand dienende Ziel, die Befreiung der von der Hisbollah gefangen genommenen Soldaten, zu erreichen. Von einer Zerschlagung der Hisbollah kann ebenfalls keine Rede sein. Diese konnte ihre politische Struktur und militärische Schlagkraft im Kern erhalten und sich sogar den Luxus leisten, bis zum letzten Moment vor Eintreten des Waffenstillstands in den Morgenstunden des 14. Augusts den Norden Israels zu bombardieren. Genauso wenig konnte die Hisbollah von ihrer Massenbasis abgeschnitten werden. Vielmehr konnte sie ihren Einfluss sogar erheblich ausweiten – nicht nur unter den libanesischen Schiiten, sondern auch unter den anderen libanesischen Konfessionsgruppen, ganz zu schweigen vom enormen internationalen Prestige, das sie durch diesen Krieg insbesondere in den arabischen Ländern und im Rest der muslimischen Welt genießt.

Hinzu kommt, dass all dies die Machtverhältnisse im Libanon in eine Richtung verschoben hat, die dem genauen Gegenteil dessen entspricht, was sich die USA und Israel erhofft hatten. Die Hisbollah ist aus dem Kräftemessen deutlich gestärkt hervorgegangen und heute von ihren erklärten wie nicht erklärten libanesischen Gegnern, den Freunden Washingtons und des saudischen Königshauses, gefürchteter als zuvor. Die Regierung in Beirut schien während der Kämpfe im Wesentlichen Partei für die Hisbollah zu ergreifen und, wie dies von der libanesischen Öffentlichkeit erwartet wurde, hauptsächlich gegen den israelischen Angriff zu protestieren. Ein israelischer Beobachter räumte dies in einem Artikel mit bezeichnendem Titel[30] auch ein: „Es war ein Irrtum zu glauben, der militärische Druck werde einen Prozess auslösen, der die libanesische Regierung dazu bewegen würde, die Hisbollah zu entwaffnen."

Ablösung für die israelische Offensive

Das offenkundige Scheitern Israels muss nicht eigens betont werden. Es wurde in Israel in einer Fülle von scharfen Kommentaren bestätigt. Eine der heftigsten Kritiken formulierte Moshe Arens, als dreifacher ehemaliger israelischer „Verteidigungsminister" sicherlich eine Kapazität auf diesem Gebiet. Sein Artikel in der Zeitschrift *Haaretz* spricht Bände: „Sie [der israelische Regierungschef Ehud Olmert, Verteidigungsminister Amir Peretz und Außenministerin Tzipi Livni] erlebten ein paar Tage des Ruhms, als sie noch glaubten, mit der Bombardierung des Libanon durch die israelische Luftwaffe mit der Hisbollah kurzen Prozess machen und uns einen mühelosen Sieg bescheren zu können. Doch als sich der Krieg, den sie so ungeschickt führten, in die Länge zog [...], ging ihnen nach und nach die Luft aus. Hier und da ließen sie noch ein paar kriegerische Erklärungen verlauten, suchten aber bereits nach einer Gelegenheit, sich aus dem Verlauf der Ereignisse herauszuziehen, die sie offensichtlich nicht im Griff hatten. Sie suchten nach einem Strohhalm, an den sie sich klammern konnten, und was bot sich dafür besser an als der Sicherheitsrat der Vereinten Nationen. Ein militärischer Sieg über die Hisbollah war gar nicht nötig. Die UNO sollte eine Waffenruhe ausrufen, und Olmert, Peretz und Livni könnten sich so zum Sieger erklären, wie glaubwürdig oder unglaubwürdig das auch klingen mochte [...] Der Krieg, der unserer politischen Führung zufolge das Abschreckungspotenzial Israels wiederherstellen sollte, hat dieses innerhalb eines Monats erfolgreich zunichte gemacht."[31]

Arens hat recht: Als immer offenkundiger wurde, dass Israel nicht in der Lage war, auch nur ein einziges der Ziele zu erreichen, die es sich zu Beginn seines jüngsten Krieges gesetzt hatte, begann die israelische Regierung, nach einem Ausweg zu suchen. Während Israel sein Scheitern überspielte, indem es den Libanon mit immer blindwütigeren, immer rachsüchtigeren Angriffen heimsuchte, änderten die amerikanischen Auftraggeber ihre Haltung in der UNO. Zuerst blockierten sie über drei Wochen lang jeden Anlauf, im Sicherheitsrat einen Aufruf zur Einstellung der Kämpfe zu diskutieren, um Israel mehr Zeit zu lassen – eine der schlimmsten Fälle von Lähmung dieser zwischenstaatlichen Institution in den sechs Jahrzehnten ihres Bestehens. Dann beschloss Washington, in die Bresche zu springen und Israels Krieg mit diplomatischen Mitteln fortzuführen.

Da die israelische Offensive ins Stocken geraten war und Israel sein Scheitern durch eine verheerende Eskalation überspielte, die paradoxerweise nur seine Machtlosigkeit bewies, überdachten die Verbündeten Washingtons ihre Haltung. Die arabischen US-Verbündeten hatten anfangs versucht, der Hisbollah und Teheran die Schuld zuzuschieben, doch nun zeigte sich insbesondere die Dreierachse saudisches Königreich, Ägypten und Jordanien zunehmend beunruhigt über den Verlauf der Ereignisse und die öffentliche Meinung in den arabischen Ländern, die immer deutlicher für die Hisbollah Partei ergriff. Die europäischen Verbündeten Washingtons forderten ihrerseits ein Ende des Krieges, da auch sie, vor allem die Länder mit starker muslimischer Immigration, über die Auswirkungen des Krieges besorgt waren. Tony Blair wurde von seinem Umfeld ebenfalls stark unter Druck gesetzt.

Mit seinem US-amerikanischen Rivalen teilt Paris den Wunsch, vom saudischen Reichtum zu profitieren, und verkauft insbesondere Rüstungsgüter.[32] Dabei ergreift Frankreich regelmäßig opportunistisch Partei für Riad, sobald zwischen den Plänen Washingtons und den Anliegen seiner ältesten Klienten und Protegés im Nahen Osten Spannungen auftreten. Israels jüngster Libanonkrieg bot eine solche Gelegenheit. Kaum schien der israelische Angriff in den Augen der saudischen Herrscherfamilie, die furchtbare Angst vor einem möglichen Volksaufstand im Nahen Osten hat, der ihre Herrschaft gefährden könnte, als kontraproduktiv, forderte Riad die Einstellung der Kampfhandlungen und die Suche nach einer Alternative, zumal auch die libanesischen Vertrauten, allen voran Regierungschef Fuad Siniora, auf einen Waffenstillstand drängten.

Paris pflichtete der Forderung unverzüglich bei, und schließlich lenkte auch Washington ein, nicht ohne zuvor Israel noch einige Tage mehr einzuräumen, um wenigstens noch einige Punkte markieren und auf militärischer Ebene das Gesicht wahren zu können. Der erste von Washington und Paris vorbereitete Resolutionsentwurf machte am 5. August in der UNO die Runde. Es war ein allzu offenkundiger Versuch, die erfolglose israelische Offensive aufzugreifen. Zwar wurde im Entwurf die „nachdrückliche Unterstützung für die Souveränität des Libanon" bekräftigt, gleichzeitig aber die Wiedereröffnung der Häfen und Flughäfen nur für „nachweislich rein zivile Zwecke" gefordert. Auch die Verhängung eines „internationalen Embargos für den Verkauf und die Lieferung von Waffen und Wehrmaterial an den Libanon" war vorgesehen, sofern diese nicht durch die libanesische Regierung genehmigt würden.[33]

Der französisch-amerikanische Entwurf bekräftigte die Notwendigkeit der Durchsetzung der Resolution 1559, forderte aber gleichzeitig eine weitere Resolution, die „nach Kapitel VII der Charta die Stationierung einer internationalen Truppe unter Mandat der Vereinten Nationen" erlaubt hätte, „um den libanesischen Streitkräften und der Regierung zu ermöglichen, ein sicheres Umfeld aufzubauen und einen permanenten Waffenstillstand und eine langfristige Lösung umzusetzen". Diese Formulierung war so vage gehalten, dass sie paradoxerweise offensichtlich machte, worum es in Wirklichkeit ging: um die Zusammenstellung einer multinationalen Truppe, die zu Militäroperationen befugt gewesen wäre (Kapitel VII der UN-Charta), um gemeinsam mit der libanesischen Armee die UN-Resolution 1559 mit militärischer Gewalt durchzusetzen.

Außerdem fehlte jegliche Bestimmung, die das Aktionsfeld der zukünftigen Truppe auf das Gebiet südlich des Litani-Flusses beschränkt hätte, aus dem gemäß Resolutionsentwurf die Waffen der Hisbollah verbannt werden sollten und das Israel am Ende als Sicherheitszone einforderte, nachdem es darin gescheitert war, sich der Hisbollah im übrigen Libanon zu entledigen. Die neue Streitmacht der Vereinten Nationen hätte folglich im ganzen Libanon gegen die Schiiten-Organisation eingesetzt werden können. Alles in allem sah der Plan vor, den israelischen Angriff mithilfe einer unter dem Deckmantel der UNO agierenden Truppe fortzusetzen. Letztere hätte damit ungehindert nicht nur in den Gebieten stationiert werden können, in die Israel einzumarschieren versucht hatte, sondern auch im übrigen libanesischen Territorium.

Doch das Fiasko Israels im Libanon rechtfertigte die Durchsetzung eines solchen Plans in keiner Weise, und er wurde folglich vereitelt. Die Hisbollah sprach sich in aller Entschiedenheit dagegen aus und gab klar zu verstehen, sie würde keine anderen internationalen Truppen als die der UNIFIL dulden, die seit 1978 entlang der Grenze zwischen Libanon und Israel (der „blauen Linie") stationiert ist. Die libanesische Regierung übernahm die ablehnende Haltung der Hisbollah und forderte mit einhelliger Unterstützung der besorgten arabischen Staaten einschließlich der Klienten Washingtons eine Überarbeitung des Entwurfs. Washington blieb keine andere Wahl, als einen neuen Entwurf vorzulegen, da er sonst im Sicherheitsrat sowieso nicht durchgekommen wäre.

Zudem hatte in Frankreich, Washingtons wichtigstem europäischem Verbündeten in der Libanonfrage, das nach dem Willen der US-Regierung die Speerspitze internationaler Truppen bilden und diese leiten sollte, Präsident Jacques Chirac zwei Wochen nach Ausbruch der Kämpfe öffentlich erklärt, ohne die vorherige Zustimmung der Hisbollah sei keinerlei Truppenstationierung möglich.[34] Die Drohung der Schiiten-Organisation, militärischen Widerstand gegen alle Truppen zu leisten, die unter den im französisch-amerikanischen Entwurf vorgesehenen Bedingungen entsandt worden wären, genügte daher schon, diesen zu vereiteln.

Die Resolution 1701

Während der Entwurf also überarbeitet und neu verhandelt wurde, legte Washington Israel nahe, mit einer umfassenden Bodenoffensive zu drohen und auch schon zu beginnen. Damit sollte Druck gemacht und die Regierung Bush in die Lage versetzt werden, im Sicherheitsrat die aus beider Sicht bestmöglichen Bedingungen herauszuholen. Die Hisbollah lenkte schließlich ein, um ein Abkommen zu ermöglichen, das zu einem aus humanitären Gründen immer dringlicheren Waffenstillstand führen könnte, und stimmte der Stationierung von 15 000 libanesischen Soldaten südlich des Litani-Flusses und der Entsendung weiterer internationaler Truppen in dieselbe Zone im Rahmen der UNIFIL zu. Damit konnte Resolution 1701[35] am 11. August 2006 im Sicherheitsrat beschlossen werden.

Die Ungerechtigkeit dieser Resolution springt ins Auge. Anstatt den verbrecherischen Angriff Israels zu verurteilen, ist nur vom „Angriff der Hisbollah auf Israel" und von „Feindseligkeiten im Libanon und in Israel" (sic) die Rede. Israel wird aufgefordert, seine „offensiven Militäroperationen" einzustellen, wobei nicht einmal die sofortige Aufhebung der israelischen Blockade des Libanon verlangt wird, als wäre eine Blockade nicht eine höchst offensive Militäroperation. Genauso offensichtlich ist die Ungerechtigkeit in Bezug auf die – interessanterweise nur auf dem Territorium des besetzten Landes stationierte – UNIFIL, die verhindern soll, dass ihr Einsatzgebiet für

„feindliche Handlungen jeglicher Art" genutzt wird. Der Schutz libanesischen Territoriums gegen die wiederholten Angriffe Israels, das 18 Jahre lang im Libanon Besatzungsmacht war, wird in Resolution 1701 mit keinem Wort erwähnt.

Die wichtigste Konzession, die Washington und Paris machen mussten, bestand in der Aufgabe des Plans, eine auf Kapitel VII der UN-Charta gestützte multinationale Sondertruppe aufzustellen. Dafür erlaubt die Resolution „der UNIFIL die Erhöhung ihrer Truppenstärke auf bis zu 15 000 Soldaten", womit die bestehenden Truppen umstrukturiert und beträchtlich verstärkt werden. Der entscheidende Schachzug aber war, das Mandat dieser Streitkräfte so umzudefinieren, dass sie „den libanesischen Streitkräften dabei behilflich" sein können, Maßnahmen zur „Schaffung eines Gebietes zwischen der Blauen Linie und dem Litani-Fluss" zu ergreifen, die „frei von bewaffnetem Personal, Material und Waffen ist, es sei denn [jene] der Regierung Libanons und der UNIFIL". Ebenso ist die UNIFIL nun ermächtigt, „in den Einsatzgebieten ihrer Truppen alle erforderlichen Maßnahmen zu ergreifen, die nach ihrem Ermessen im Rahmen ihrer Fähigkeiten liegen, um sicherzustellen, dass ihr Einsatzgebiet nicht für feindselige Aktivitäten gleich welcher Art genutzt wird".

Beide Formulierungen zusammen kommen einem Mandat nach Kapitel VII sehr nahe oder könnten zumindest leicht in diesem Sinn ausgelegt werden. Zudem wird das UNIFIL-Mandat durch Resolution 1701 faktisch über deren „Einsatzgebiete" hinaus ausgedehnt, da sie nun „der Regierung Libanons auf deren Ersuchen hin" in ihren Bemühungen behilflich sein kann, „ihre Grenzen und andere Einreisepunkte zu sichern, um zu verhindern, dass Rüstungsgüter und sonstiges Wehrmaterial ohne ihre Zustimmung nach Libanon verbracht werden". Dieser Satz bezieht sich zweifellos nicht auf die libanesische Grenze zu Israel, sondern auf die Grenze zu Syrien, die sich vom Norden in den Süden des Landes erstreckt. Was sonst könnte der Sinn dieser maßlosen Aufblähung der UNIFIL sein, deretwegen das Gebiet südlich des Litani, sobald die volle Truppenstärke erreicht sein wird, mit den 15 000 libanesischen Soldaten zusammen die dichteste Militärpräsenz weltweit mit nahezu einem Soldaten auf sieben Einwohner aufweisen wird.[36]

Soweit jene Punkte in Resolution 1701, die am meisten

Zündstoff enthalten. Insgesamt ist die Resolution so verfasst, als wäre der Libanon der Aggressor! Insofern verrät sie die Absicht, den israelischen Krieg im Libanon mit anderen Kräften in anderer Weise fortzusetzen, was kurz- oder mittelfristig zu weiteren Kriegshandlungen führen könnte. Deshalb haben die Vereinigten Staaten und Israel übrigens auch so sehr auf dem Einbezug von NATO-Truppen in die verstärkte UNIFIL beharrt. Was hier angebahnt wird, ist die Wiederholung einer für die heutige Zeit symptomatischen Praxis: Die UNO wird als Feigenblatt für Militäroperationen eingesetzt, die Washington mit der NATO und anderen Verbündeten durchführt, wie dies seit Dezember 2001 in Afghanistan der Fall ist.[37]

Eine Überwachungsgruppe sollte sich logischerweise aus neutralen Ländern zusammensetzen. Washington und Paris sind im Libanonkonflikt aber alles andere als neutral. Keine formell mit Washington verbündete Truppe kann in einem Konflikt zwischen einem der wichtigsten Verbündeten Washingtons und einem anderen Staat als neutral bezeichnet werden, und dies trifft auf alle NATO-Mitgliedstaaten zu. Doch die Parteilichkeit der europäischen Länder, die sich an der UNIFIL beteiligen, geht über deren NATO-Mitgliedschaft weit hinaus. Frankreich arbeitet im Fall des Libanon seit 2004 eng mit den Vereinigten Staaten zusammen; Deutschland, das die Überwachung der libanesischen Hoheitsgewässer übernommen hat, liefert Israel U-Boote, während die deutsche Bundeskanzlerin Angela Merkel verlauten ließ, die Aufgabe ihrer Marine sei es, Israel zu verteidigen; und Italien ist mit Israel durch ein Militärabkommen verbunden, das 2003 von der Regierung Berlusconi abgeschlossen und 2005 vom italienischen Parlament mit Unterstützung der Linksdemokraten unter Führung des momentanen Außenministers Massimo D'Alema ratifiziert wurde.[38]

Die Hisbollah und die Resolution 1701

Die Schiiten-Organisation gab der libanesischen Regierung grünes Licht, der Resolution des Sicherheitsrats zuzustimmen. Hassan Nasrallah hielt am 12. August eine Rede, in der er erläuterte, warum seine Organisation eine Stationierung unter dem Mandat der Vereinten Nationen akzeptierte. Dabei war seine Beurteilung der Lage wesentlich nüchterner als in manchen der Reden und Erklärungen, die er während der Kämpfe abgegeben hatte, und enthielt eine gute Portion politischer Klugheit. „Heute", so Nasrallah, „haben wir das *vernünftige, erreichbare* Ergebnis der großen Standhaftigkeit vor uns, die die Libanesen bei all ihren unterschiedlichen Haltungen unter Beweis gestellt haben."[39]

Diese Nüchternheit war auch angesagt, zumal der Libanon zu diesem Zeitpunkt unter dem Schock des verheerenden israelischen Angriffs stand. Hätte Nasrallah in diesem Moment überheblich von einem Sieg gesprochen, wie es sich die Verbündeten der Hisbollah in Damaskus und Teheran gleichzeitig nicht nehmen ließen,[40] hätte er wie der König von Pyrrhus im antiken Griechenland hinzufügen müssen: „Noch so ein Sieg, und wir sind verloren!" Der Hisbollah-Chef vermied vorsichtigerweise bewusst, sich auf eine Polemik über die Ergebnisse des Krieges einzulassen, und betonte, „unsere eigentliche Priorität" liege darin, den Angriff zu stoppen, die besetzten Gebiete zurückzugewinnen und „Sicherheit und Stabilität in unserem Land sowie die Rückkehr der Flüchtlinge und Vertriebenen zu erreichen". Die Haltung seiner Bewegung resümierte er wie folgt: Einhaltung des Waffenstillstandes und volle Kooperation mit „allem, was die Rückkehr der Flüchtlinge und Vertriebenen in ihre Häuser ermöglichen und humanitäre wie Hilfsoperationen erleichtern kann".

Gleichzeitig betonte Nasrallah, seine Bewegung sei gewillt, den legitimen Kampf gegen die israelische Armee so lange fortzuführen, wie sich diese auf libanesischem Territorium befinde. Er schlug aber auch vor, das 1996 zwischen seiner Organisation und Israel getroffene Abkommen wieder in Kraft zu setzen, wonach die Operationen beider Seiten auf militärische Ziele zu beschränken und zivile Ziele zu schonen seien. In diesem Zusammenhang versicherte Nasrallah, seine Bewegung habe erst in Reaktion auf die israelischen Bombardierungen des Libanon nach der Operation vom 12. Juli mit der Bombardierung Nordisraels begonnen, und man müsse Israel dafür kritisieren, den Krieg als Erstes bewusst auf die Zivilbevölkerungen ausgedehnt zu haben.

Dann erläuterte der Hisbollah-Chef seine Haltung zur Resolution 1701, der er im Kern zustimmte, wenn auch mit zahlreichen Vorbehalten, die in der Umsetzung überprüft werden müssten. Er protestierte gegen die Ungerechtigkeit der Resolution, die in ihrer Präambel darauf verzichtet, Israel für seine Aggression und seine Kriegsverbrechen zu verurteilen, ergänzte aber, dass sie wesentlich schlimmer hätte ausfallen können. Er bedankte sich für die diplomatischen Bemühungen, die einen solchen Ausgang verhindert hatten. Das Hauptgewicht seiner Argumentation lag auf der Betonung, dass viele der Probleme, die in der Resolution aufgegriffen werden, nach Ansicht der Hisbollah innerlibanesische Angelegenheiten seien, die die Libanesen unter sich diskutieren und lösen müssten. In diesem Zusammenhang legte er den Akzent auf den Erhalt der nationalen Einheit und Solidarität unter Libanesen.

Die Hisbollah musste tatsächlich Zugeständnisse machen, um eine Beendigung des Krieges zu ermöglichen. Da die gesamte libanesische Bevölkerung von Israel in Geiselhaft genommen worden war, hätte jede unnachgiebige Haltung katastrophale humanitäre Folgen gehabt, die sich durch die Fortsetzung der tödlichen, zerstörerischen Offensive Israels verschärft hätten. Im Übrigen weiß die Hisbollah sehr gut, dass es weniger auf den Wortlaut der Resolution des Sicherheitsrates ankommt als auf ihre Auslegung und tatsächliche Umsetzung, und dafür sind die Lage und die Kräfteverhältnisse vor Ort entscheidend. Was den von George W. Bush und Ehud Olmert großsprecherisch verkündeten Sieg betrifft, den sie angeblich davongetragen haben und der in Resolution 1701 zum Ausdruck komme, genügt es, auf die vorweggenommene Antwort von Moshe Arens in seinem bereits zitierten Artikel zu verweisen: „Schon ist die passende Rhetorik zu vernehmen. Was soll's, wenn die ganze Welt diese diplomatische Übereinkunft, der Israel zugestimmt hat, während es noch seine tägliche Ration an Raketen abbekam, als Niederlage sieht, die Israel von einigen tausend Hisbollah-Kämpfern beigefügt wurde? Und was soll's, wenn niemand daran glaubt, dass eine ‚verstärkte' UNIFIL die Hisbollah entwaffnen wird und dass die Hisbollah mit den Tausenden Raketen, die sich noch in ihrem Arsenal befinden, wirklich gestärkt aus ihrem Sieg über die mächtige israelische Armee innerhalb eines Monats hervorgeht und nun zu einem Friedenspartner wird?"

Die Fortsetzung des Krieges mit anderen Mitteln

Kaum war der Waffenstillstand geschlossen, begann im Libanon die energische „Fortsetzung des Krieges mit anderen Mitteln". Dabei sind vier Fragen maßgeblich, auf die hier in der Reihenfolge eingegangen wird, in der sie sich stellten.

Erstens ging es um die Zusammensetzung und den Auftrag der neuen UNIFIL-Kontingente. Israel legte sein Veto gegen die Beteiligung arabischer oder muslimischer Länder ein, die keine diplomatischen Beziehungen mit Israel unterhalten, während Washington starken Druck auf Paris ausübte, wo es galt, die Vorbehalte und Befürchtungen der französischen Militärs zu überwinden. Druck wurde auch auf alle anderen NATO-Verbündeten ausgeübt, um sie zur Entsendung von Truppen und Rüstungsmaterial in den Libanon zu bewegen. Die Hisbollah ließ sich nicht beirren und versuchte, die Umsetzung dieser ersten Phase eines Prozesses zu behindern, den sie als neuen Anlauf versteht, sie letztlich im Geist von Resolution 1559 durch Fortsetzung der israelischen Offensive dauerhaft zu entwaffnen.

Die Bemühungen der Hisbollah, Paris von der Entsendung seines einzigen Flugzeugträgers vor die Libanonküste abzuhalten, der während der französischen Beteiligung an der Bombardierung Afghanistans an der Seite der US-Truppen gesichtet worden war[41], erklären das anfängliche Zögern Frankreichs. Angesichts des internationalen Kräfteverhältnisses konnte sich die Hisbollah jedoch nicht wie Israel durch ein Veto völlig querstellen, ohne allzu große Risiken einzugehen. Sie musste sich mit der Stationierung von NATO-Truppen im Südlibanon und in den libanesischen Hoheitsgewässern abfinden, konnte aber mit Hilfe Syriens verhindern, dass diese auch entlang der libanesisch-syrischen Grenze stationiert wurden.

Zweitens ging es um die Entwaffnung der Hisbollah in jenem südlibanesischen Gebiet, in dem die libanesische Armee und die aufgestockte UNIFIL stationiert werden sollen. Das Äußerste, auf das sich die Hisbollah hier einließ, war, ihre Waffen im Gebiet südlich des Litani zu „verstecken", also sie nicht offen zu zeigen, sondern sie an geheimen Orten zu lagern. Bevor die Hisbollah bereit wäre, ihre Waffen in diesem Gebiet und generell im Libanon abzugeben, müsste eine Reihe von Bedingungen erfüllt sein, von der Räumung des Gebiets der Sheeba-Farmen durch Israel bis zur Bildung einer Regierung und einer

Armee im Libanon, die in der Lage und entschlossen wären, die Souveränität des Landes gegen Israel zu verteidigen.

Die Frage der Entwaffnung der Hisbollah ist der wichtigste Stolperstein in der Resolution 1701, da gegenwärtig kein Land der Welt gewillt ist, die Schiiten-Organisation gewaltsam zu entwaffnen, zumal die stärkste moderne Armee des Nahen Ostens und eine der bedeutendsten Militärmächte weltweit bei dieser Aufgabe kläglich gescheitert ist. Aus diesem Grund liegt Washington auch daran, die Bedingungen vorzubereiten, damit die libanesische Armee unter dem Kommando der libanesischen Verbündeten der Vereinigten Staaten selbst die Initiative ergreifen und die Hisbollah in einem neuen Anlauf entwaffnen kann, wofür ihr die NATO-Truppen Beistand leisten würden, wie dies im Mandat der UNIFIL vorgesehen ist.

Drittens ging es um das, was man die „Wiederaufbauschlacht" nennen könnte. Der politische Einfluss, den Rafik Hariri und seine saudischen Verbündeten im Libanon gewinnen konnten, stützte sich auf ihre Bemühungen um den Wiederaufbau des Landes nach dem 1990 beendeten 15-jährigen Bürgerkrieg, in dem sie eine dominante Rolle spielten. Diesmal sieht sich die Regierungsmehrheit der harten Konkurrenz der Hisbollah ausgesetzt, die vom Iran unterstützt wird und den Vorteil der engen Beziehungen genießt, die sie zur schiitischen Bevölkerung im Libanon aufgebaut hat, gegen die sich der rachsüchtige Krieg Israels hauptsächlich richtete. So schrieb der israelische Armeeexperte Zeev Schiff in *Haaretz* am Tag vor der Einstellung der Kämpfe: „Viel wird auch davon abhängen, wer beim Wiederaufbau im Südlibanon helfen wird. Wenn es das Werk der Hisbollah sein wird, wird die schiitische Bevölkerung des Südlibanon Teheran verpflichtet sein. Das gilt es zu verhindern."[42]

Obwohl diese Botschaft in Washington, Riad und Beirut klar angekommen ist, hat die Hisbollah die erste Runde in diesem Kampf zweifellos gewonnen, da sie die libanesische Regierung und ihre internationalen Geldgeber insbesondere dank der finanziellen Unterstützung, zu der sich Teheran seit Beginn des 33-Tage-Krieges durch Ayatollah Khameni höchstpersönlich öffentlich verpflichtet hatte, in Verlegenheit gebracht hat.[43] Mit dem 1988 nach Vorbild der gleichnamigen iranischen Organisation (dem 1979 gegründeten Dschihad-e Sazandegi) und mit deren Unterstützung gegründeten Dschihad al Binaa (Dschihad des [Wieder-]Aufbaus) verfügt die Hisbollah über eine für solche Zwecke gut eingespielte Struktur. Um die dringlichste Not zu lindern, verteilte die Hisbollah entsprechend ihrer religiösen Tradition, die eher das Karitative als Forderungen betont, Bündel von Banknoten an Familien, die ihre Unterkunft verloren hatten. Wobei zu erwähnen ist, dass der Libanon ein Land ist, das aufgrund der überhöhten Preise einen ausgesprochen hohen Anteil an leerstehendem Wohnraum aufweist[44], was schon Anfang der 70er Jahre Mussa Sadr, Gründer der Bewegung der Benachteiligten, in populistischer Manier vorbrachte.

Viertens ging es, auch auf der innenpolitischen Ebene, um das Schicksal der Regierung. Die aus den Wahlen 2005 hervorgegangene Parlamentsmehrheit kam auf der Grundlage eines schlechten, verzerrenden Wahlgesetzes zustande, das im Jahr 2000 von der damaligen syrisch dominierten Regierung durchgesetzt worden war. Wie bereits betont, war eine der Hauptfolgen die verzerrte Vertretung der christlichen Wählerschaft. Insbesondere die Bewegung unter Führung von Michel Aun, die nach den Wahlen ein Bündnis mit der Hisbollah einging, war stark unterrepräsentiert. Zudem hat der jüngste Krieg zweifellos einen Meinungswandel in der libanesischen Bevölkerung bewirkt, der die Legitimität der gegenwärtigen Parlamentsmehrheit noch fragwürdiger erscheinen lässt. Im Übrigen hätte ein Regierungswechsel im Libanon zugunsten der Hisbollah und ihrer Verbündeten selbstverständlich einen gravierenden Einfluss darauf, wie Resolution 1701 ausgelegt wird, insofern deren Interpretation stark von der Haltung der Beiruter Regierung abhängt.

Die Hisbollah und Michel Aun lancierten daher gemeinsam eine Kampagne für einen politischen Wandel, der folgenden Ablauf vorsieht: die Erweiterung der Regierung Siniora durch Einbezug von Ministern aus dem Aun-Lager; die Ausarbeitung und Verkündung eines neuen, gerechteren Wahlgesetzes; vorgezogene Parlamentswahlen; die Bildung einer neuen Regierung und die Wahl eines neuen Staatspräsidenten durch das Parlament, wobei sich Aun für dieses Amt anbieten würde. Das Bündnis vom 14. März, das in Parlament und Regierung die Mehrheit stellt, wies diese Forderungen zurück und schürte so starke Spannungen und verstärkte das Klima der Ungewissheit über die unmittelbare Zukunft des Landes, ganz zu schweigen von den längerfristigen Perspektiven. Eines ist sicher: Die Offensive Washingtons im Libanon seit 2004 mit dem 33-Tage-Krieg als besonders verheerender Episode ist noch lange nicht zu Ende.

Im Bündnis zwischen Aun und der Hisbollah hat diese wesentlich weniger Vorbehalte als jener. General Aun lässt es sich daher auch nicht nehmen, die Schiiten-Organisation zu kritisieren, während er gleichzeitig ihren effizienten Widerstand lobt. Er verheimlicht nicht seine entschiedene Unterstützung für die Resolution 1559 und seinen Stolz darauf, im Jahr 2004 einer ihrer Urheber gewesen zu sein, und behält das Ziel im Auge, die Hisbollah zu entwaffnen. Dieses Anliegen verknüpft er mit den Minimalbedingungen der von beiden Seiten am 6. Februar 2006 unterzeichneten Übereinkunft, die folgende Punkte enthält: die Befreiung der Sheeba-Farmen, die Freilassung der libanesischen Gefangenen aus israelischer Haft und die Ausarbeitung einer nationalen Verteidigungsstrategie, die von allen Libanesen akzeptiert wird. Aun positioniert sich gegenüber Washington, Paris und deren arabischen Verbündeten ganz klar als Retter in der Not, der bereit steht, wenn sie feststellen werden, dass ihre ausgewählten aktuellen Verbündeten im Libanon nicht in der Lage sind, die Hisbollah zu unterwerfen.

Der Libanon steht erneut an einem Scheideweg zwischen einer politischen Lösung – dem demokratischen Weg einer kurzfristigen Ausschreibung von Neuwahlen, was am vernünftigsten wäre – oder aber dem Aufbau von außerparlamentarischem Druck durch das Bündnis Aun–Hisbollah, was die Gefahr birgt, in neue blutige Zusammenstöße zwischen Libanesen auszuarten. Die wahnwitzige Einmischung der Regierung Bush in libanesische Angelegenheiten treibt die Regierungsmehrheit zur Unnachgiebigkeit und zielt darauf ab, einen neuen libanesischen Bürgerkrieg unter NATO-Beteiligung zu provozieren. Allerdings hat der Iran als regionale Abschreckung Einfluss auf die Haltung des saudischen Königshauses und damit auf die Haltung Frankreichs. Riad versucht, gemeinsam mit Nabih Berri, dem Chef der mit der Hisbollah verbündeten Schiiten-Bewegung Amal, die Lage zu beruhigen. So zumindest stellte sich im Wesentlichen die Lage im Libanon Ende Oktober 2006 dar.

Der Ball liegt nun im Lager des Bündnisses vom 14. März, und man kann nur hoffen, dass sich das Bemühen der einen, das Land zu schützen, das durch internationale und nationale Auseinandersetzungen auf seinem Territorium wiederholt schwer getroffen wurde, gegenüber dem Bedürfnis gewisser anderer Kräfte durchsetzt, die eigenen Gegner gewaltsam aus dem Weg zu räumen – ein unsinniger, verheerender Anspruch in einem derart von Gegensätzen geprägten Land, wie es der Libanon ist. Jene, die 1975 von Washington angestachelt auf Kompromisslosigkeit gesetzt hatten, mussten teuer dafür bezahlen. Das Problem ist nur, dass das ganze Land einen erdrückenden Tribut dafür entrichten musste.

Kapitel 4

Israel zwischen seinem „zweiten Libanonkrieg" und der Beteiligung an Washingtons „globalem Krieg"

Der israelische Krieg gegen den Libanon ist im Kontext des umfassenderen Konflikts zu sehen, der Israel und die arabische Welt entzweit. Eine Untersuchung dieses Aspekts ist insofern wichtig, als dieser Konflikt eine zentrale Rolle in Washingtons „unbegrenztem globalen Krieg" spielt und diesen vielfach konkret vorwegnimmt. In der Wahl der Ziele und Methoden sind der Krieg gegen die Palästinenser und den Libanon sowie die Pläne, die Israel gegen den Iran und Syrien hegt, für die Neokonservativen in den Vereinigten Staaten ein Versuchsfeld für ihre Strategien eines globalen Krieges und deren vorderste Front. Allein daran lässt sich ermessen, wie sehr der israelisch-arabische Konflikt über die direkt betroffenen Länder hinausweist.

Die erklärten Ziele auf israelischer Seite

Eines der großen politischen Probleme, die sich in Israel mit dem Angriff auf den Libanon stellten, ist die Tatsache, dass die Regierung von Ehud Olmert ihre politischen und militärischen Ziele nicht klar definiert hatte. Zahlreiche israelische Kommentatoren und Kolumnisten wiesen im Verlauf der Operationen darauf hin, dass die Zielsetzung unklar war. In den Diskussionen, die auf den Krieg folgten, nahm diese Frage selbstverständlich einen zentralen Platz ein, ebenso in den verschiedenen Untersuchungskommissionen, die eingerichtet wurden, um eine Bilanz dieses Krieges zu ziehen.

Die Entscheidung, den Libanon anzugreifen, fiel unmittelbar nach der Entführung von zwei Soldaten als Kriegsgefangene durch ein Hisbollah-Kommando am 12. Juli 2006. Wie Tanja Reinhart festgestellt hat, „zeigt die Geschwindigkeit, mit der alles ablief (neben vielen anderen Informationen), dass Israel schon lange darauf wartete, dass ,international die Bedingungen reif wären', um mit dem massiven Krieg gegen den Libanon loszulegen, auf den es sich vorbereitete."[45] Niemandem war verborgen geblieben, dass Washington und Tel Aviv einen Krieg gegen die Hisbollah führen wollten. Die Operation vom 12. Juli lieferte den Vorwand dazu.

Es war nicht das erste Mal, dass die libanesische Widerstandsorganisation versuchte, israelische Soldaten zu entführen, um sie gegen in Israel festgehaltene Libanesen auszutauschen. Das einzig Neue an der Operation vom 12. Juli war, dass sie erfolgreich verlief, und das nur wenige Tage nach der Entführung des Gefreiten Gilat Shalit vom Stützpunkt Kerem Shalom nahe des Gazastreifens durch ein palästinensisches Kommando.

Zwei Entführungen in Folge waren zu viel für Israel, das dabei das Gesicht verlor. Das ursprüngliche Ziel schien also die Befreiung der israelischen Soldaten, oder zumindest behaupteten das die Regierungssprecher. Dennoch konnte man sich berechtigterweise fragen – und zahlreiche Kommentatoren wiesen auch sofort darauf hin –, wie derart massive, mörderische Bombardierungen zur Befreiung der israelischen Kriegsgefangenen beitragen sollten.

Das zweite Argument, das aus dem Umfeld des Regierungschefs vorgebracht wurde, konnte schon einleuchtender erscheinen. Israel wolle, so hieß es, den Libanon dazu zwingen, die Hisbollah zur bedingungslosen Freilassung der israelischen Soldaten zu bewegen. Dem lag ein altbekannter, banaler kolonialer Ansatz zugrunde: Der libanesische Staat und das libanesische Volk sollten so hart wie möglich getroffen werden, dann würden sich jene, „die, wie alle Araber, nur die Sprache der Gewalt verstehen", gegen die Hisbollah auflehnen, damit das Töten ein Ende habe, zumal es „im Libanon eine Mehrheit an Christen gibt (sic), die die Muslime und insbesondere die Hisbollah hassen", so ein israelisches Lokalradio. Diese Mischung aus Unkenntnis der Tatsachen und Unverständnis für menschliches Verhalten ist verblüffend.

Israel griff also die gesamte libanesische Bevölkerung an, zerstörte in wenigen Tagen einen bedeutenden Teil der Infrastruktur (den Hafen und den internationalen Flughafen von Beirut, Hunderte Straßen und Brücken, ein wichtiges Elektrizitätswerk usw.), trieb innerhalb weniger Tage nahezu eine Million Menschen in die Flucht, zerstörte Dutzende Ortschaften und Stadtteile im Süden der Hauptstadt, metzelte ab den ersten Tagen Hunderte Zivilpersonen nieder, darunter Menschen, die der Anweisung der israelischen Armee Folge leisteten und aus den Kampfzonen flüchteten. Man muss durch seine eigene Propaganda schon ausgesprochen verblendet sein, um angesichts all dieser Verbrechen zu glauben, die Ressentiments der Bevölkerung würden sich gegen die Hisbollah-Milizen und nicht gegen die israelische Armee wenden.

Da das ursprünglich angegebene Ziel, die Befreiung der zwei Kriegsgefangenen, nicht realisierbar war, wurde ein neues Ziel verkündet: die Zerschlagung der Hisbollah. Schon bald stellte sich allerdings heraus, dass der islamische Widerstand den Tonnen von Bomben, die über dem Libanon abgeworfen wurden, trotzte und keinerlei Anzeichen von Kapitulationsbereitschaft oder Zerrüttung erkennen ließ. Die Zahl der über Nordisrael niedergehenden Raketen, die selbst Haifa, die drittgrößte Stadt Israels, trafen, nahm mit jedem Tag zu. Zwei Mal jubilierte die israelische Führung zu früh über einen Erfolg, ohne sich der Ergebnisse zu versichern: als sie die Tötung von Hassan Nasrallah verkündete, der „unter den Ruinen seines Bunkers begraben wurde", und als sie die Zerstörung der Einsatzzentrale der Hisbollah behauptete. Tatsächlich wurde die Einsatzfähigkeit der Hisbollah trotz der massiven Bombardierung des gesamten libanesischen Territoriums nicht einmal beeinträchtigt, außer vielleicht in Bezug auf Langstreckenraketen, von denen angeblich bereits in der zweiten Woche ein erheblicher Teil durch die israelische Luftwaffe zerstört wurde.

Das offizielle Ziel wurde also ein drittes Mal revidiert, diesmal mit heruntergeschraubten Erwartungen. Nun ging es nur mehr darum, den weiteren Beschuss israelischer Städte und Dörfer durch Raketen oder andere Flugkörper zu verhindern – und trotzdem konnte die Hisbollah Nordisrael bis zum letzten

Kriegstag bombardieren. Nachdem die Regierung in der Umsetzung aller bisher genannten Ziele gescheitert war, beschloss sie letztlich, den Krieg mit dem alleinigen Ziel fortzusetzen, das Abschreckungspotenzial der israelischen Armee wiederherzustellen, das durch den ebenso mutigen wie wirksamen Widerstand der Hisbollah-Kämpfer erschüttert worden war. Es ging nun darum, durch pausenlose Angriffe, den Abwurf Hunderter Tonnen Bomben – darunter Phosphor- und Splitterbomben – und die Zerstörung ganzer Ortschaften der Welt zu beweisen, dass Israel weiterhin eine gefährliche Militärmacht ist. In diesem Punkt endete der israelische Krieg, vielleicht mehr noch als in den vorher genannten, in einem völligen Desaster.

Woran kann sich jemand, der sich um jeden Preis einreden will, dass der Krieg kein Misserfolg war, dann noch klammern? Yoel Marcus, einer der bekanntesten *Haaretz*-Kolumnisten, schrieb beispielsweise: „In all dem gibt es ein paar gute Nachrichten. […] Hassan Nasrallah und sein Stellvertreter, die eine allenfalls auf drei Tage begrenzte Reaktion Israels erwarteten, waren über den fürchterlichen Schaden, den wir ihnen in sechs Wochen beigefügt haben, verblüfft. Das ist gut so, denn diese Überraschung enthält eine wichtige Lehre: Israel ist tatsächlich unberechenbar, und es kann sogar außer Rand und Band geraten, wenn es rot sieht."[46]

Die Beharrlichkeit, ein zum Scheitern verurteiltes Militärabenteuer um jeden Preis fortsetzen zu wollen, lässt sich durch die Dominanz des „militärischen Denkens" erklären, wie es der israelische Autor Jizchak Laor nennt. Dieses Denken lässt all die beschränkten Kolonialkrieger, vom Franzosen Massu bis zum Amerikaner Westmoreland, sagen: „Geben Sie mir noch zwei Wochen, und diesmal mache ich sie wirklich fertig." Tatsächlich war der israelische Generalstab in diesem Krieg mehr als nur eine reine Lobby; er war in gewisser Weise eine Parallelregierung. Allerdings muss diesem Aspekt bei aller Bedeutung, die ihm zukommt, ein zweiter, politischer hinzugefügt werden: die strukturelle Einbindung der israelischen Strategie in den „unbegrenzten globalen Krieg" Washingtons und die Rolle, die Israel in diesem Rahmen von der US-Regierung zugewiesen wird.

Israel im „globalen Krieg" Washingtons

Die aktuellen Kriege Israels sind Teil des globalen, permanenten Präventivkriegs, der von den Neokonservativen geplant und vom Weißen Haus nach dem 11. September begonnen wurde und in der Europäischen Union auf immer uneingeschränktere Zustimmung stößt. Militärisch diente der Staat Israel zwar immer schon der einen oder anderen westlichen Macht – seit Ende der 60er Jahre sind es die Vereinigten Staaten. Im Gegenzug dazu erhielt er wirtschaftliche, militärische und diplomatische Unterstützung. Doch im Allgemeinen lag diesem Bündnis ein gemeinsames Interesse zugrunde: Israel fungierte als Brückenkopf für die Verteidigung der Interessen der „freien Welt" im Nahen Osten gegen die Sowjetunion und den arabischen Nationalismus. Dafür unterstützten die Westmächte den Staat Israel und sein Kolonialprojekt.

Dieser gegenseitige Beistand verlief nicht immer spannungsfrei, denn die Sonderinteressen des zionistischen Staates gerieten manchmal in Konflikt mit den globalen Interessen dieser oder jener herrschenden Macht. Das war beispielsweise 1956 der Fall, als die Vereinigten Staaten Israel zusammen mit Frankreich und Großbritannien zwangen, sich vom Suezkanal und dem Sinai zurückzuziehen, oder 1991, als George Bush senior die Israel gewährten Bankgarantien aussetzte, weil sich die Regierung Schamir weigerte, den Siedlungsbau einzufrieren. Israel war oft das *enfant terrible* des Westens. Gewiss war es ein integraler, ja zeitweilig sogar zentraler Bestandteil des westlichen Lagers, doch manchmal drohte es dessen umfassendere Interessen aufs Spiel zu setzen und erzeugte damit gewisse Spannungen mit seinen strategischen Bündnispartnern.

Der „unbegrenzte globale Krieg" ist dagegen eine Strategie, die in den 80er Jahren von amerikanischen und israelischen Neokonservativen, die sich Gedanken über die Welt der Nachsowjetära machten, ersonnen und vorbereitet wurde. Der Kern dieser neuen Strategie ist ein globaler Klassenkrieg, um die Welt erneut zu kolonisieren und ein neues, neoliberales Weltherrschaftssystem durchzusetzen. Anstelle der multilateralen Weltordnung, die nach dem Zweiten Weltkrieg definiert wurde, sollte der Unilateralismus treten. Die erneute Kolonisierung und die Durchsetzung der amerikanischen Hegemonie sollten einen Schlussstrich unter das Selbstbestimmungsrecht der Völker setzen und der unbegrenzte Krieg ein für alle Mal mit der Vorstellung aufräumen, Krisen politisch lösen zu wollen, um die Welt zu stabilisieren.

Die Übereinstimmung zwischen den Kriegen Israels und jenen der Vereinigten Staaten löste unweigerlich Diskussionen darüber aus, ob Israel für seinen amerikanischen Paten Krieg führt oder ob es im Gegenteil die Vereinigten Staaten sind, die von Israel und seinen Expansionsgelüsten getrieben werden. Während der vielen Jerusalem-Besuche der amerikanischen Staatssekretärin im August 2006 neigten die Medien, aber auch die israelischen Antikriegsaktivisten zur Ansicht, Condoleezza Rice zwinge Olmert ihren Willen auf und gebe ihm zu verstehen, was Washington von Tel Aviv erwarte, nämlich dass es die ihm zugewiesene Aufgabe erfülle. Die radikalsten Vertreter der amerikanischen Neokonservativen bekundeten tatsächlich ihren Unmut über die israelische Kriegsführung und insbesondere über die von manchen führenden israelischen Politikern geäußerte Absicht, zu beenden, was sich immer mehr als Fiasko herausstellte.

Heute ist die Hisbollah „die Speerspitze eines aggressiven, nach Atomwaffen lechzenden Irans", schrieb Charles Krauthammer, ein Dick Cheney nahestehender neokonservativer Journalist, in einem Leitartikel der *Washington Post*: „Amerika will und braucht eine entscheidende Niederlage der Hisbollah." „In den Vereinigten Staaten", so Krauthammer, „findet eine leidenschaftliche Debatte darüber statt, ob Israel für die Vereinigten Staaten in der Welt nach dem 11. September einen Vorteil oder im Gegenteil eine Belastung darstellt. Der unbegründete Angriff der Hisbollah vom 12. Juli bot Israel eine außerordentliche Gelegenheit, seine Nützlichkeit unter Beweis zu stellen und einen wichtigen Beitrag zu Amerikas Krieg gegen den Terrorismus zu leisten." Doch Olmerts „Suche nach einem billigen Sieg hat nicht nur die Libanon-Operation, sondern auch das amerikanische Vertrauen in Israel aufs Spiel gesetzt. Dieses Vertrauen – und die dadurch gefestigte Beziehung – sind für Israels Überleben genauso entscheidend wie seine Armee. Der furchtsame Olmert scheint nichts begriffen zu haben."[47]

Nun stimmt es zwar, dass das Weiße Haus und vor allem das Pentagon von der kläglichen Leistung der israelischen Armee im Libanon enttäuscht waren, doch das Bild von Israel als einem simplen Söldner im Dienst des imperialen Krieges entspricht nicht der Wirklichkeit. Der „globale Krieg" ist eine gemeinsam erarbeitete Strategie der Neokonservativen beider Länder, zwischen denen, nachdem sie in Tel Aviv und Washington an die Macht gekommen waren, im Denken wie im Handeln eine echte Symbiose entstanden war. Die Tatsache, dass die israelischen Neokonservativen – nach der Ermordung von Jizchak Rabin im November 1995 – fünf Jahre vor ihren nordamerikanischen Gesinnungsgenossen an die Macht gekommen waren, lässt manchmal sogar den Eindruck aufkommen, sie seien es, die den Ton angeben.

Der bei jeder Gelegenheit heraufbeschworene Antiterrordiskurs, die Umdeutung der palästinensischen Opfer in eine Bedrohung für Israel, die erneute Verunglimpfung von Jassir Arafat als Terrorismuschef, die Entschlossenheit, die palästinensischen Gebiete „wiederzuerobern", die angewandten militärischen Methoden und der Begriff vom unbegrenzten Krieg wurden alle zuerst in den von Israel besetzten Gebieten getestet, bevor sie nach dem Machtantritt von George W. Bush und seinen Gefolgsleuten von den Vereinigten Staaten übernommen wurden. Während all dieser Zeit stand aber das Team um Benjamin Netanjahu (meist amerikanische Juden) in einem regelmäßigen Austausch mit der republikanischen Rechten, die noch in der Opposition war. Mit dem Sieg von George W. Bush verschmolz die Politik der beiden Staaten miteinander. Es ist also nicht der Hund, der mit dem Schwanz wedelt, und erst recht nicht der Schwanz, der mit dem Hund wedelt. Wir haben es vielmehr mit einem zweiköpfigen Monster zu tun, auch wenn dessen eine Hälfte größer und stärker ist.

Ein „Krieg der Kulturen"

Wenn es ein Land gibt, in dem das Reden über den „Kampf der Kulturen" zur Staatsphilosophie bzw. zur Ideologie nahezu der ganzen Gesellschaft geworden ist, dann Israel. „Wir leben noch in einer modernen, blühenden Villa inmitten des Dschungels", hatte der ehemalige Regierungschef Ehud Barak 1996 erklärt, als er noch Außenminister[48] war. Dieses Bild beschreibt ausgezeichnet die Befürchtungen der Israelis inmitten der arabischen und muslimischen Welt. Sie verstehen sich als Insel der Zivilisation inmitten einer Welt der Barbarei, deren einziges Ziel es ist, die Zivilisation zu zerstören. Deshalb ist es unerlässlich, ja lebenswichtig, einen unbegrenzten Präventivkrieg gegen sie zu führen.

Für die verschiedenen neokonservativen Regierungen in Jerusalem ist der Präventivkrieg ein Krieg ums Überleben und kennt als solcher nicht nur zeitlich, sondern auch in seinen Modalitäten keine Grenzen. Den „Zivilisationskriegen" und anderen Kreuzzügen ist eigen, dass die Gegner, Zivilisten natürlich mit eingeschlossen, als etwas betrachtet werden, das es auszulöschen oder zumindest vollständig unschädlich zu machen gilt. Es gibt nur ein „sie oder wir". Der Zerstörungskrieg, den Israel seit dem Jahr 2000 gegen Palästina führt, der aber schon zwei Jahre früher geplant und vorbereitet wurde, ist ein Paradebeispiel eines solchen neuen Krieges. Der enorme Blutzoll, den er fordert, ist kein „Kollateralschaden", sondern fester Bestandteil des Wesens dieses „Zivilisationskrieges", wie auch die Zerstörung des Iraks und die Hunderttausenden Toten, die auf das Konto der amerikanischen Besatzung gehen, kein „Kollateralschaden" sind.

Während des gesamten 33-Tage-Krieges gegen den Libanon haben israelische Regierungsmitglieder, aber auch Journalisten und Experten, von „Kulturen" und der grundlegenden Unvereinbarkeit zwischen „uns" (den Israelis, aber auch der als jüdisch-christlich bezeichneten Zivilisation schlechthin) und „ihnen" gesprochen. Die Argumentation war allerdings widersprüchlich, denn einerseits hieß es, sie fürchteten den Tod nicht und kümmerten sich nicht um die Opfer auf ihrer Seite, andererseits war das Ziel des Krieges und der massiven Zerstörungen gerade, „ihnen ein für alle Mal beizubringen", welchen Preis es hat, sich mit Israel anlegen zu wollen.

Der Nahe Osten ist ein zentrales, vorrangiges Ziel des unbegrenzten globalen Präventivkrieges Washingtons, und die militärische Rolle Israels darin ist somit unerlässlicher denn je. Für den israelischen Staat geht es um zweierlei: einerseits die Bezwingung und „Befriedung" rebellischer Bevölkerungen, andererseits um die Terrorisierung aller anderen, damit sie auch nicht im Traum auf den Gedanken kommen, sich der Hegemonie der Vereinigten Staaten zu entziehen und Israels eigene Ziele zu durchkreuzen. Das Martyrium Gazas und die bewusste

Zerstörung des Libanon sind Teil dieser Politik der „Befriedung" durch Terror.

Das zeigt, wie gering die Gefahr ist, dass Spannungen zwischen dem israelischen Militarismus und der sogenannten „internationalen Gemeinschaft" aufkommen könnten, selbst wenn Letztere manchmal geneigt ist, die israelischen Kriegsziele ein wenig abzuschwächen, sobald sie den Geist der Revolte in der Region zu schüren drohen, wie dies bei der jüngsten Operation im Libanon teilweise der Fall war. Gerade weil die Abschreckungskraft Israels durch den Widerstand der Hisbollah angeschlagen ist, rüstet Israel nun für eine zweite Runde.

Die militärische Niederlage

Schon ab der zweiten Kriegswoche hielten israelische und israelfreundliche ausländische Journalisten nicht mit Kritik an der Art und Weise zurück, wie dieser Krieg geführt wurde. Die große Mehrheit der öffentlichen Meinung in Israel befürwortete dagegen das militärische Abenteuer im Libanon. Am 22. Juli schrieb der Militärkommentator der *New York Post*: „Israel ist auf dem Weg, den Krieg zu verlieren. Für jemanden, der Israel ein Leben lang unterstützt hat, ist es schwer, das zu schreiben. Doch es ist wahr. Die Situation verschlimmert sich mit jedem Tag."[49]

Niemand zweifelt mehr daran, dass die israelische Operation im Libanon gescheitert ist, auch nicht das Weiße Haus. Trotzdem ist die amerikanische Regierung bemüht, von Erfolg zu sprechen, um damit vielleicht die Stimmen im Pentagon und im State Departement zu besänftigen, die fordern, die selbstgefällige Unterstützung von George W. Bush für Israel oder das Mitläufertum gewisser Neokonservativer mit einer Politik, deren Verantwortungslosigkeit offen auf der Hand liegt, ein wenig zurückzunehmen. Der beste Beweis für das Scheitern ist die eindrückliche Zahl an Untersuchungskommissionen, die in Israel eingerichtet wurden, auch unter dem Druck aus der Bevölkerung.

Gescheitert sind zuerst und vor allem die Nachrichtendienste, die fälschlicherweise immer als erstklassig betrachtet wurden. Tatsächlich sind sie vielleicht bei Kommandooperationen, Entführungen und außerlegalen Tötungen effizient. Was die Informationstätigkeit selbst betrifft, geben sie aber einmal mehr ein klägliches Bild ab.

Ein Schlüsselbegriff dieses Krieges ist das Wort „Überraschung". Die Regierung war überrascht über die Fähigkeit der Hisbollah zu Gegenschlägen und über die Effizienz ihres Verteidigungssystems an der Grenze. Sie war überrascht über die Menge an Raketen und anderen Geschossen, die den Norden Israels bedrohten, und die Panzerabwehr, die den Mythos von der Unzerstörbarkeit des israelischen Panzerfahrzeugs Merkava IV zunichte machte. Vor allem aber war sie überrascht über die hohe Leistungsfähigkeit und Motivation der Hisbollah-Kämpfer. Mit einem Wort, sie war überrascht über all das, was den Unterschied zwischen einem erwartbaren Sieg und einer wahrscheinlichen Niederlage ausmacht.

Der ehemalige Verantwortliche des militärischen Nachrichtendienstes, Brigadegeneral Jossi Kuperwasser, kann noch so lange behaupten, er wäre „überhaupt nicht überrascht gewesen" und es sei „genau die Hisbollah, wie ich sie kenne". Damit konnte er den Journalisten nicht überzeugen, der von ihm wissen wollte, „warum dann in der Öffentlichkeit stark der Eindruck entstanden ist, die politische und militärische Führungsebene sei völlig überrumpelt gewesen".[50]

Dabei geht es nicht um die Frage, ob Aman oder der Mossad verlässliche Informationen über die Hisbollah besaßen oder nicht, sondern darum, ob sie in der Lage waren, diese politisch zu beurteilen und insbesondere die richtigen Schlussfolgerungen daraus zu ziehen.

Es ist nicht das erste Mal, dass israelische Nachrichtendienste überrascht wurden. Überrascht wurden sie auch 1973 durch die breite Offensive der ägyptischen und syrischen Armee, oder 1982 durch die Widerstandsfähigkeit der libanesisch-palästinensischen Einheiten gegenüber dem israelischen Angriff und die Komplexität der politischen Realität im Libanon, in der Scharons Pläne erbärmlich festfuhren. Überrascht waren sie ein weiteres Mal 1987 durch die erste Intifada und erneut im Sommer 2000 in Camp David durch Jassir Arafats Weigerung, sich dem Diktat von Ehud Barak zu unterwerfen. Überrascht wurden sie schließlich im Januar 2006 durch den Sieg der Hamas, zu dem sie doch so viel beigetragen hatten. Die Aufzählung ließe sich fortsetzen.

Diese Unfähigkeit, den anderen zu verstehen und so seine Reaktionen vorwegnehmen zu können, ist typisch für jede Kolonialbeziehung und hat sich in allen Kolonialunternehmen der modernen Geschichte wiederholt. Der Kolonisierte – im vorliegenden Fall derjenige, dem man sich kulturell überlegen fühlt, da er einer Zivilisation angehört, deren Eigenschaften und Motivationen man von vornherein festgelegt hat – braucht nicht verstanden zu werden. Er ist, was man beschlossen hat, dass er sei, unveränderlich, vorherbestimmt durch Attribute, die in der Natur seines Status selbst festgeschrieben sind.

Der Araber ist primitiv und ängstlich, der Muslim grausam und antisemitisch. Wir sind zivilisiert, modern, effizient und manchmal großzügig. Mehr braucht es nicht. Es ist die „moderne, blühende Villa inmitten des Dschungels", der Krieg der Zivilisation gegen die Barbarei. „Der gemeinsame Nenner all dieser Fehler [der Nachrichtendienste] ist ihre Verachtung für die Araber, eine Geringschätzung, die katastrophale Folgen hat", schreibt der Journalist und Aktivist Uri Avnery. „Er ist die Ursache für ein vollkommenes Unverständnis, eine Art von Blindheit, was die Beweggründe der Hisbollah, ihr Verhalten, ihren Stellenwert in der libanesischen Gesellschaft und Ähnliches betrifft."[51]

Die Realität ist aber immer anders, als sie sich der Kolonialismus vorstellt. Der Kolonisierte ist aufgrund seiner Schwäche gegenüber dem Kolonisator dagegen gezwungen, sich um seines Überlebens willen zu bemühen, den Feind zu verstehen. Im Normalfall gelingt ihm das auch: Bei den Palästinensern etwa zeigt sich, dass sie gelernt haben, die Israelis zu durchschauen, ihre Mentalität, die ihre Gesellschaft durchziehenden Widersprüche. Wie sie im Nu einen Soldaten einschätzen, der an der Straßensperre steht – Russe oder Marokkaner, verbissen oder cool – und sofort wissen, welchen Schluss sie daraus ziehen können: Lohnt sich der Versuch durchzukommen oder probiere ich es lieber an einer anderen Straßensperre. Um des Überlebens willen strengt sich der Kolonisierte an, während sich der Kolonisator, auf seine Überlegenheit vertrauend, gehen lässt; daher ist er „überrascht" und droht in seinen Unternehmungen immer häufiger zu scheitern.

Ein weiterer typischer Fehler der Kolonialmacht, der sich im Libanon wiederholt hat, ist die Vorstellung, man müsse nur hart durchgreifen – im vorliegenden Fall durch Tausende Bomben –, dann werde der andere schon lernen, sich richtig zu verhalten und zu akzeptieren, was wir von ihm wollen und was nicht. Dem kolonialen Verständnis zufolge konnte das libanesische Volk unter dem Bombenhagel, mit dem es eingedeckt wurde, gar nicht anders als sich gegen die Hisbollah zu erheben, da diese angeblich verantwortlich war für das, was ihm widerfuhr. Eine schwere Fehleinschätzung, denn das libanesische Volk bot jenen die Stirn, die ihr Land zerstörten.

Das militärische Scheitern Israels ist folglich nicht nur ein Ergebnis der Unerschrockenheit und der Effizienz der Hisbollah-Aktivisten und der Widerstandsfähigkeit des libanesischen Volks, sondern auch eine Folge der gravierenden Schwächung der israelischen Armee und ihrer Einsatzfähigkeit. Um deren Ursachen festzustellen, brauchen wir keine Untersuchungskommissionen. Drei Faktoren lassen sich ausmachen:

Erstens hängt sie mit dem Grund für die Unfähigkeit der israelischen Institutionen zusammen, die libanesische Reaktion auf ihre Offensive vorherzusehen: mit der kolonialen Arroganz. Im Lauf der Jahre führten die rassistische Verachtung der Araber und der Überlegenheitskomplex dazu, dass die Armee jede besondere Anstrengung unterließ, ihre organisatorischen Fähigkeiten weiterzuentwickeln. Alle für den Libanonkrieg eingezogenen Reservisten können bestätigen, dass sie seit Jahren keinerlei ernsthaftes Training absolviert haben und ihre Bewaffnung veraltet und für den Krieg, für den sie aufgeboten wurden, ungeeignet war.

Das erstmals in der Geschichte von einem Flieger geleitete Oberkommando der Armee stützte sich völlig auf die Überlegenheit der Luftwaffe und vernachlässigte die Vorbereitung der Bodentruppen. Doch wie die Vereinigten Staaten aus eigener leidvoller Geschichte wissen, kann man mit der Luftwaffe allein kein Volk unterwerfen und seinen Widerstandswillen brechen. Früher oder später braucht es im Krieg auch eine Intervention von Bodentruppen. Und wie die US-amerikanischen Panzereinheiten und Infanteristen im Irak waren auch die israelischen nicht auf einen Krieg gegen gut trainierte und bewaffnete Partisaneneinheiten vorbereitet. Sie waren nicht in der Lage, auch nur eines ihrer operationellen Ziele zu erreichen.

Das führt uns zur zweiten Ursache für die schwindende

Effizienz der israelischen Armee: Mehr als fünf Jahre lang führten die israelischen Soldaten einen Krieg gegen Zivilpersonen, unterdrückten Frauen und Kinder, griffen zivile Ziele im Westjordanland und im Gazastreifen an und waren vor allem mit einer unbewaffneten Bevölkerung oder kaum trainierten, schlecht bewaffneten Kämpfern konfrontiert. Die Armee bezeichnete diese Massenrepression mit Polizeicharakter beharrlich als Krieg. Bei Demonstrationen gegen die Besatzung machten sich antikolonialistische Aktivisten oft über die Soldaten lustig und rieten ihnen, einseitige Repression nicht mit Krieg zu verwechseln: „Wenn ihr eines Tages bewaffnete, ausgebildete Gegner vor euch habt, dann werdet ihr nicht mehr wissen, was ihr tun sollt!" Genau das ist im Libanon passiert. Der an einseitige Härte gewöhnte israelische Soldat stand hilflos gut trainierten Kämpfern gegenüber.

Der neoliberale Krieg

Die von der israelischen Presse enthüllte Nachricht, dass Generalstabschef Dan Halutz ganz zu Beginn der Krise seine Aktien an der Börse verkaufte, weil er wusste, dass die Kurse bald sinken würden, ist bezeichnend für den Charakter dieses Krieges. In der Ära des Neoliberalismus streben die Offiziere nicht mehr nach Ruhm und militärischem Erfolg, sondern fragen sich, wie sie noch mehr Geld scheffeln können. Noch in der Uniform bereiten sie ihre zweite Karriere vor, oft übrigens im Waffenhandel oder im Verkauf von Sicherheitssystemen an lateinamerikanische Diktaturen oder Drogenhändler.

Das israelische Scheitern im 33-Tage-Krieg ist damit auch die Folge eines gravierenden Verfalls des militärischen Stabs, der sich wie sein Chef mehr für Börsenkurse interessiert als für die Vorbereitung der Truppen. Die Häufung von Korruptionsfällen dürfte sogar die Ursache für die schlechte Qualität der Ausrüstung gewisser Einheiten sein, da manche Offiziere vermutlich bereit waren, gegen erhebliche Schmiergelder trotz zweifelhafter Qualität bestimmte Marken anderen vorzuziehen.

Der Neoliberalismus bringt den Krieg mit sich wie die Wolke den Regen, doch paradoxerweise gerät er auch in Konflikt mit den Erfordernissen des Krieges. Das individuelle Streben nach höchstem Profit, der Abbau des öffentlichen Dienstes und die allgemeine Privatisierung lassen sich mit dem „nationalen Interesse" und dem Patriotismus nicht immer gut unter einen Hut bringen, denn selbst im Krieg sind persönlicher Vorteil und das Gemeinwohl nicht vereinbar.

Kennzeichnend für dieses Spannungsverhältnis ist, in welch schlechtem Zustand sich die Einrichtungen und Dienstleistungen befanden, die der Zivilbevölkerung in Kriegszeiten Hilfe bieten sollten, wie Zivilschutzanlagen und die Versorgung der bei Alarm in den Anlagen eingeschlossenen Bevölkerung. Dieser strukturelle Mangel ist umso schwerwiegender, als sich der moderne Krieg dadurch auszeichnet, dass er zunehmend die Zivilbevölkerung zur Zielscheibe nimmt. Auf die Frage eines israelischen Radios, wieso die städtischen Dienstleistungen bei der Unterstützung der wochenlang in Zivilschutzanlagen verharrenden Bevölkerung so schlecht funktionierten, antwortete der stellvertretende Bürgermeister von Haifa: „Es stimmt, die Stadtverwaltung von Haifa hat nicht viel unternommen, doch es gibt NGOs, die da einspringen können." Abbau des öffentlichen Dienstes, Privatisierung und Almosen sind die Elemente, mit denen der neoliberale Staat und seine Institutionen den modernen Krieg führen. Sie schieben ihre Verantwortung auf NGOs ab, die zwar oft eine beachtliche Arbeit leisten, aber den Staat und seine Institutionen nie darin ersetzen können, der Bevölkerung zu geben, was ihr zusteht.

Unter dem Titel „Vom Staat verraten" ließ Daniel Ben Simon, einer der besten israelischen Journalisten, seiner Wut freien Lauf: „Alle Untersuchungskommissionen, die man einrichten wird, werden das tatsächliche Verbrechen, dessen Zeuge wir während des zweiten Libanonkrieges waren, nicht wieder gutmachen. Der Staat war schlicht und einfach verschwunden, als wäre er vom Erdboden verschluckt. In den nördlichen Ortschaften glänzte er in den für die zurückgebliebene Bevölkerung schlimmsten Momenten durch Abwesenheit. Das wahre Wesen eines Staates erweist sich im Ernstfall. Diesen Test hat Israel nicht bestanden.

Die Leichen, die noch Tage nach dem Durchzug des Hurrikans Katrina in New Orleans herumtrieben, verrieten den wahren Charakter der Vereinigten Staaten. Dieser mächtige Staat legte eine Unfähigkeit an den Tag, die eher von einem Land wie Bangladesh zu erwarten wäre. Präsident George Bush, der sonst schnell die Waffe zückt, wenn es um einen Krieg geht, ließ vier Tage verstreichen, bevor er Louisiana besuchte.

Katrina verriet die Schwäche einer Ideologie, die in einer freien Marktwirtschaft die Schwächung des Staates zugunsten von privaten Wirtschaftsgruppen predigt. [...]

Dasselbe widerfuhr den Ortschaften im Norden während des Krieges."[52]

Die im Vergleich zu allen bisherigen Kriegen seit 1956 auffallende Vernachlässigung der Bürger in diesem Krieg fiel umso mehr ins Gewicht, als die israelische Bevölkerung selbst ins Visier genommen und ernsthaft in Mitleidenschaft gezogen wurde. In den bisherigen Kriegen mit Israel hatte stets nur die Bevölkerung arabischer Länder gelitten, mit der seltenen Ausnahme von palästinensischen Raketen, die in den 70er und 80er Jahren in israelischen Ortschaften einschlugen.

Angesichts der Bombardierung der südlichen Stadtteile von Beirut vom ersten Kriegstag an und dem Dauerbeschuss Dutzender Ortschaften im Südlibanon wussten die israelischen Behörden – oder hätten es wissen müssen, wenn sie den Reden von Hassan Nasrallah Beachtung geschenkt hätten –, dass die Hisbollah zurückschlagen und israelische Ortschaften bombardieren würde. Betroffen waren nicht nur alle Ortschaften im Norden Galiläas, wo es relativ wenige Opfer, aber hohe Schäden gab. Selbst Haifa, die drittgrößte Stadt und das wichtigste Industriezentrum Israels, wurde bis zum letzten Tag vor Einstellung der Feindseligkeiten bombardiert.

Hunderte Gebäude wurden zerstört, über eine halbe Million Israelis mussten ins Landesinnere flüchten. Wer nicht gehen konnte, und das waren im Allgemeinen die ärmeren Schichten, wurde vom Staat völlig im Stich gelassen. Hilfe erhielten diese Menschen unter anderem von Arkadi Gaydamek, einem Milliardär russischer Herkunft, der damit seinen äußerst fragwürdigen Ruf deutlich aufpolieren konnte. Die Gleichgültigkeit des Staates gegenüber seiner Zivilbevölkerung ist ein Faktor, der beim Ruf der Bevölkerung nach einer Untersuchungskommission am meisten zählte. Im Übrigen kann man darauf wetten, dass sich diese Untersuchungskommissionen nicht lange beim Nichtvorhandensein von Schutzmöglichkeiten (Schutzräumen, Alarmsirenen usw.) in den arabischen Ortschaften Israels aufhalten werden. Diese Diskriminierung ist dermaßen tief in den

Strukturen angelegt, dass mit Ausnahme der direkt betroffenen Bevölkerung niemand darauf achtet oder Anstoß daran nimmt. Diese skandalöse Tatsache erklärt übrigens zum Teil, warum die Mehrheit der israelischen Opfer Araber waren. Sie bilden im Norden des Landes zwar tatsächlich die Mehrheit, doch nicht im selben Ausmaß wie ihr Anteil an den Opfern.

Die 1500 zivilen Opfer auf libanesischer Seite und die rund 40 zivilen Opfer auf israelischer Seite in diesem Krieg waren kein „Kollateralschaden". Es kann nicht oft genug wiederholt werden: Der Angriff auf Zivilpersonen und die Zerstörung von Unterkünften und ziviler Infrastruktur sind ein fester Bestandteil des laufenden „globalen Krieges gegen den Terrorismus", der keine Grenzen kennt und in dem nach den Worten des Präsidenten der Vereinigten Staaten die Regeln des Krieges, wie sie die internationale Gemeinschaft 1945 nach dem Sieg über den Faschismus aufgestellt hat, nicht mehr gelten.

In diesem Krieg ist der Feind nicht mehr länger eine Armee oder die Wirtschaftsmacht einer Nation. Es ist die Nation selbst, die mit der Plage des Terrorismus gleichgesetzt wird, den es auszurotten gilt. Die neokonservative Strategie ist vom Krieg gegen Terrornetzwerke auf den Krieg gegen Terrorstaaten (die „Schurkenstaaten") übergegangen. Dieser mündet in einen Krieg gegen ganze Völker, die als terroristisch betrachtet werden, weil sie Terrorgruppen gewähren lassen oder den Fortbestand eines als terroristisch beurteilten Regimes tolerieren. In dieser Logik ist es also legitim, die Bevölkerung selbst ins Visier zu nehmen, sei dies in Afghanistan, im Irak, in den besetzten Palästinensergebieten oder im Libanon.

Die Opposition gegen den Krieg

Der vorangegangene Libanonkrieg, der 1982 ausgelöst wurde, hatte in Israel eine riesige Antikriegsbewegung hervorgebracht, der es innerhalb von sechs Monaten gelang, die Mehrheit der öffentlichen Meinung auf ihre Seite zu ziehen. Dieses Mal blieb eine breite Ablehnung des Krieges gegen den Libanon aus, und es stellt sich natürlich die Frage, warum.

1982 hatte die israelische Regierung ihren Libanonkrieg aus Gründen beschlossen, die in erster Linie den zionistischen Staat und seine libanesischen Verbündeten betrafen. Der palästinensische Widerstand sollte vertrieben und die maronitische Rechte an die Macht gebracht werden. Obwohl Washington damals Menachem Begin und Ariel Scharon grünes Licht gegeben hatte, war diese Unterstützung an Bedingungen geknüpft. Die amerikanische Regierung schloss sich schon bald den europäischen Staaten an, die versuchten, den israelischen Angriff zu bremsen und schließlich ganz zu beenden, da sie seine Folgen für die Region und die Welt fürchteten. Der zunehmende Druck der „internationalen Gemeinschaft" war einer der Faktoren, der in Israel eine Massenprotestbewegung gegen den Krieg entstehen ließ. Der zweite Faktor war, dass die israelische Gesellschaft einen immer höheren Preis für den Krieg zahlen musste, vor allem an Todesopfern.

Tatsächlich waren für die israelische Friedensbewegung immer schon diese beiden Faktoren ausschlaggebend: zum einen der Preis, den Kriege, die nicht wirklich als der Selbstverteidigung dienend wahrgenommen wurden, an Menschenleben, Geld und Beeinträchtigung des gesellschaftlichen Lebens forderten. Hier bildet die israelische Gesellschaft keine Ausnahme. Es war der hohe Preis der Kolonialkriege, der im Algerienkrieg ebenso wie im Vietnamkrieg in Frankreich und in den Vereinigten Staaten einen Meinungsumschwung brachte. Der zweite Faktor, die Angst vor dem Wegfall der internationalen Unterstützung, insbesondere aus den Vereinigten Staaten, ist israelspezifischer.

Im 33-Tage-Krieg griff beides nicht. Tatsächlich ist die öffentliche Meinung in Israel radikal gekippt. Diese Veränderung hat sich in drei Etappen vollzogen: Im Juli 2000 durch die große Lüge von Ehud Barak, Jassir Arafat habe sein „großzügiges Angebot" abgelehnt und damit angeblich die „wahren Absichten" der palästinensischen Führung offenbart, die sich hinter dem gemäßigten Diskurs und der vorgetäuschten Kompromissbereitschaft verberge, nämlich die „Juden ins Meer zu werfen". Als nächstes folgte dann im September 2000 mit der „zweiten Intifada" die Antwort der palästinensischen Straße auf eine Provokation von Ariel Scharon. Dieser Aufstand wurde als „Bestätigung" der palästinensischen Vernichtungsabsichten ausgelegt. Und nach dem 11. September 2001 schließlich wurde der israelische „Selbstverteidigungskrieg" in den globalen Krieg gegen den militanten Islam eingebunden,

der nicht nur Israel, sondern die gesamte „Zivilisation" be-
drohe.

Aus dieser Sicht befindet sich der zionistische Staat in einem
Überlebenskampf gegen die terroristische Bedrohung durch die
Islamisten. In einem solchen Krieg werden die (allein zählen-
den israelischen) Opfer nicht als Folge einer kriegerischen Politik angesehen, die gerade daher vermeidbar gewesen wären,
sondern sie gelten als unvermeidlicher Preis, der für die Selbstverteidigung zu zahlen ist. Die Gefahr, dass jene Kräfte, die
während des ersten Libanonkrieges die israelische Friedensbewegung ausmachten, wieder aktiv werden, ist also gering. Der
Krieg, den Israel seit September 2000 gegen die palästinensische Bevölkerung führt, und der Krieg, den es im Sommer 2006
gegen den Libanon begonnen hat, verstehen sich beide als Teil
des Krieges der „zivilisierten Welt" gegen den internationalen
Terrorismus, und die etablierte israelische Linke muss nicht
fürchten, ihr Staat könne mit der „internationalen Gemeinschaft" in Konflikt geraten.

Diese Selbstwahrnehmung von Israel und seinen Kriegen,
die natürlich auch mit der Tatsache zu tun hat, dass die Arbeitspartei 2000 und 2006 im Gegensatz zu 1982 an der Regierung
(beteiligt) war, ist dafür verantwortlich, dass die Friedensbewegung im Juli 2000 in ein tiefes Koma gefallen ist und ihre
angesehensten Sprecher den israelischen Angriff auf den Libanon und die Kriegsverbrechen in den besetzten palästinensischen Gebieten und im Libanon verteidigt haben.

Es ist also kein Zufall, dass die rund 5000 Demonstrantin-
nen und Demonstranten, die im Juli und August 2006 in den
Straßen von Tel Aviv „Nein zum Krieg" skandiert haben, genau dieselben sind wie jene, die gegen die Übergriffe der israelischen Armee in den besetzten Gebieten mobilisiert haben. Der
unbegrenzte Krieg gegen den Terrorismus ist unteilbar, wo immer er stattfindet, ob in Ramallah 2000, in Nablus 2003 oder
in Beirut 2006. Entweder akzeptiert man seine Grundannahmen
oder man lehnt sie als manipulative Mystifizierung ab, die von
den Neokonservativen in New York und Tel Aviv ausgeheckt
wurde und schrittweise vom Rest der „internationalen Gemeinschaft" übernommen wird.

Die Peace Now-Bewegung und die Linke in der Arbeitspartei haben diese Grundlagen ab Juli 2000 akzeptiert und daher

auch die Libanoninvasion 2006 unterstützt. Im Gegensatz dazu haben sich die Aktivistinnen und Aktivisten der antikolonialistischen israelischen Organisationen, die Frauen für einen gerechten Frieden, die Kriegsdienstverweigerer von Jesh Gvul, Gush Shalom, Taajusch, die Anarchisten gegen die Mauer und einige wenige Vereinigungen wie die Rabbis für Menschenrechte und das Alternative Informationszentrum sich schon 2000/2001 geweigert, in diese Falle zu tappen. Daher waren sie auch der Herausforderung des Libanonkrieges im Sommer 2006 gewachsen.

Doch man muss eingestehen, dass der Mut und die Entschlossenheit dieser Aktivistinnen und Aktivisten nicht ausgereicht haben, um das Fehlen einer breiten Antikriegsbewegung wettzumachen. Dieser Krieg fand in einer Atmosphäre des Konsens statt. Die überwiegende Mehrheit der israelischen Gesellschaft hat sich für den Krieg ausgesprochen, selbst nachdem für alle sichtbar wurde, welch hohen Preis die Bevölkerung dafür zahlen musste. Die Hunderten Toten in Israel, die Zerstörung von Häusern im Norden des Landes, die Hunderttausenden Vertriebenen wurden von der israelischen Gesellschaft als unvermeidlicher Preis betrachtet, der für einen Selbstverteidigungs- und Überlebenskrieg zu zahlen ist.

Nach dem Krieg die Krise

Am 30. August 2006 zog der *Haaretz*-Kolumnist Uzi Benziman Bilanz über den Krieg:

„Aus Sicht der Öffentlichkeit muss derjenige, der für die Katastrophe von Juli/August verantwortlich ist, wer immer das sein mag, den Preis dafür zahlen.

Auf den ersten Blick gibt das auch Olmert zu. Derjenige, der sich als letztlich verantwortlich für Israels Kriegsentscheid und dessen Ergebnisse bezeichnet, der drei Untersuchungskommissionen eingerichtet hat, die die Kriegsführung durchleuchten sollen, räumt damit ein, dass es schwere Mängel im Ablauf gegeben hat. [...] Olmert ist mehrfach gescheitert: in der Definition der ursprünglichen Kriegsziele, in der Einschätzung der Folgen der Militäroperationen, im Versäumnis, den Handlungsrahmen des Generalstabs einzuschränken, obwohl er mit eigenen Augen sehen konnte, dass sich dessen Voraussagen nicht erfüllten, und in seiner Zustimmung zu einer Bodenoffensive zu einem Zeitpunkt, als ein Waffenstillstandsabkommen bereits unmittelbar bevorstand. All das wäre für jemanden, der etwas auf sich hält, bereits ausreichend, um den Schluss zu ziehen, dass der Posten des Ministerpräsidenten schlicht eine Nummer zu groß für ihn ist."[53]

Dieses Urteil wird in Israel weitgehend geteilt. Der Krieg war politisch wie militärisch ein Misserfolg, und Ehud Olmert wie auch sein Verteidigungsminister von der Arbeitspartei, Amir Peretz, tragen mit dem Generalstab die volle Verantwortung dafür. Aus diesem Grund stößt die Forderung nach einer nationalen Untersuchungskommission auf so breites Echo. Deshalb gingen im September 2006 in Tel Aviv über 50 000 Menschen auf die Straße, um ihr Nachdruck zu verleihen. Olmert und Peretz sind sich der Tatsache bewusst, dass eine solche Kommission von den verantwortlichen Regierungsmitgliedern fordern würde, ihren Platz zu räumen, wie dies nach dem Oktoberkrieg 1973 der Fall war. Um das Schlimmste zu verhindern, haben sie mehrere kleine Untersuchungskommissionen einberufen, die Nebenaspekte des Kriegsablaufes untersuchen sollen. Keine dieser Kommissionen genießt das Prestige oder die rechtlichen Befugnisse einer nationalen Untersuchungskommission.

Die Konsequenzen des Gefühls des Scheiterns, die Olmert und die breite Öffentlichkeit miteinander teilen, können dramatisch sein, wie der bereits zitierte Benziman betont. Dieses Gefühl könnte den Ausschlag für eine zweite Runde in naher Zukunft geben.

„Was an den jüngsten Aussagen Olmerts beunruhigt, ist nicht nur die darin zum Ausdruck kommende Arroganz, sondern auch ihre Beweggründe. Unfreiwillig hat der Regierungschef gezeigt, in welchem Gemütszustand er sich gegenwärtig befindet: Er ist besessen vom Scheitern des Libanonkrieges und gefangen im unbändigen Wunsch, diese Schande loszuwerden. Was der Staat jetzt braucht, ist eine vernünftige Führung, die nicht unter dem Trauma und dem Scheitern des Krieges leidet, sondern sachlich die diplomatischen Möglichkeiten und die Sicherheitslage überprüfen kann. Die Führungskräfte, in deren Bewusstsein noch die schmerzenden Wunden des Kampfs und die Schande wach sind, die ihnen dieser persönlich bereitet hat, könnten die Bedürfnisse des Landes, wenn auch vielleicht unbewusst, egoistischen Image-Erwägungen unterordnen."[54]

Trotz der komfortablen Regierungsmehrheit im Parlament herrscht knapp sechs Monate nach deren triumphaler Wahl in Israel das Gefühl vor, ihre Zeit sei abgelaufen. Die jüngsten Umfragen sagen einen Zusammenbruch von Olmerts Kadima-Partei und ein spektakuläres Comeback von Netanjahus Likud-Block voraus, der bei den letzten Wahlen buchstäblich aufgerieben wurde. Olmert kann die Verantwortung für die militärische Niederlage und das völlige Fehlen von Betreuungseinrichtungen und -mechanismen für die Zivilbevölkerung bei Bombardierungen zwar seinen Vorgängern zuschieben. Denn selbstverständlich konnte niemand von der neuen Regierung erwarten, in drei Monaten nachzuholen, was die vorherigen Regierungen in einem ganzen Jahrzehnt verabsäumt haben.

Doch warum hat man dann einen Krieg vom Zaun gebrochen, wenn offensichtlich war, dass selbst auf Einsatzebene nichts ernsthaft vorbereitet war? Gewiss kann man die amerikanischen Neokonservativen beschuldigen, Olmert gedrängt zu haben, eine Stellvertreteroffensive gegen die Verbündeten des Irans zu starten. Doch der Hauptgrund liegt, um es noch einmal zu betonen, in der kolonialen Arroganz, die zum Irrglauben verleitete, dank der immensen technologischen Überlegenheit der eigenen Armee alles durch eine Politik des harten Zuschlagens lösen zu können.

Nach dem Scheitern der Rücksichtslosigkeit als einziger Form von Politik ist es für das israelische Polit-Establishment an der Zeit, den Krieg zuerst zu überdenken, bevor man sich in den nächsten stürzt; denn der Krieg ist die einzige Perspektive, über die in diesen Kreisen ein Konsens besteht. Kaum war der 33-Tage-Krieg zu Ende, da bereiteten die Experten schon die nächste Runde vor. Sehr klar bringt der Militärexperte Avraham Tal auf den Punkt, was die Strategen über den nächsten Krieg denken:

„Ein Krieg, der unentschieden endet, ohne dass ein Abkommen unter den kriegführenden Parteien getroffen wurde, muss früher oder später wieder aufflammen. Im Konflikt zwischen Israel und dem Iran, der über den Stellvertreter Hisbollah geführt wurde, ist es keiner Seite gelungen, ihr strategisches Ziel zu erreichen. Deshalb hatte der Regierungschef recht, als er in der Knesset meinte, man müsse sicherstellen, dass ‚die Dinge das nächste Mal besser laufen'.

Wie kann man das sicherstellen? Zuerst muss man von der Annahme ausgehen, dass der nächste Konflikt relativ bald ausbrechen wird – um einen Anhaltspunkt für die Diskussion zu geben, sagen wir, innerhalb von zwei Jahren nach Ausbruch der letzten Feindseligkeiten. Dann muss man in allen Bereichen so handeln, als werde es sich mit absoluter Sicherheit so zutragen. Vielleicht wird es eine zweite Runde nach Art des zweiten Libanonkrieges geben, aber man muss sich auf etwas Umfassenderes, Gefährlicheres vorbereiten: einen totalen Krieg mit regulären Armeen, einschließlich der Armee einer Regionalmacht."[55]

Für Tal ist der strategische Feind der Iran, und gegen diese „Regionalmacht" gilt es den „totalen Krieg" vorzubereiten. Dieser Gedanke wird vom Spezialisten für Militärangelegenheiten der Tageszeitung *Haaretz*, Zeev Schiff, aufgegriffen, der daraus einen wichtigen Schluss zieht: Zuerst muss Frieden mit Syrien geschlossen werden.

„Aus strategischer Sicht befindet sich Israel in einem seltsamen Widerspruch. Einerseits wird ständig wiederholt, dass sich das Land erstmals seit dem Unabhängigkeitskrieg von 1948 in einer existenziellen Bedrohung befindet. Diese Bedrohung geht vom Iran aus, der Atomwaffen entwickelt und von einem extremistischen religiösen Regime kontrolliert wird, dessen Präsident zur Auslöschung Israels auffordert. Andererseits betrachtet Israel den Kampf gegen die Palästinenser noch immer als seine Hauptfront. Dieser Widerspruch spottet jeder Logik.

Was wir brauchen, ist eine strategische Revolution. Wir müssen entscheiden, dass die erste und wichtigste Front die Abwehr der existenziellen Bedrohung ist. […]

Es liegt im strategischen Interesse Israels, Syrien aus der Achse des Irans herauszulösen. Das beste Mittel, um eine Barriere zwischen Israel und dem Iran zu errichten, ist ein Frieden mit Syrien. Das gilt es anzustreben…"[56]

Das klingt vernünftig, doch manche amerikanische Neokonservative und ein Teil der israelischen Sicherheitskreise halten nichts von einer Entspannung mit dem syrischen Regime und möchten ganz im Gegenteil, dass Israel zuerst Syrien angreift. Anders ausgedrückt: Während sich die gesamte israelische

Führung darin einig ist, sich auf den Krieg vorzubereiten oder diesen besser gesagt bereits aktiv vorbereitet, herrscht nur über das Ziel Uneinigkeit: Soll der Krieg Syrien oder dem Iran gelten, oder Syrien zuerst und dann dem Iran? Manche träumen sogar von einem gleichzeitigen Krieg gegen Syrien und den Iran und Einzelne fordern natürlich einen weiteren Krieg gegen die Hisbollah.

Zwei Jahre, um alle Mängel zu beheben, die das letzte militärische Abenteuer im Libanon bloßgelegt hat, sind eine kurze Zeit angesichts der strukturellen Probleme der Armee und des Staates, des Defizits, das sich in nahezu zwei Jahrzehnten arroganter Vernachlässigung der Vorbereitung und allgemeiner Inkompetenz angestaut hat. Doch Washington auf der einen und der Rachedurst der Militärkaste auf der anderen Seite lassen der Regierung und der Armee nicht mehr Zeit, um ihren Kriegsapparat wieder startklar zu machen.

Und dennoch, wenn es eine Lehre aus dem jüngsten Krieg gegen den Libanon zu ziehen gilt, dann die, dass – für Israel jedenfalls – die Ära der leichten, billigen Kriege definitiv vorbei ist und die Zivilbevölkerungen unabhängig vom Kräfteverhältnis einen hohen Preis dafür zahlen dürften. In dieser Zeit der unbegrenzten Kriege sind die Zivilbevölkerungen zu Geiseln in den Händen von Kriegstreibern geworden; alles in allem ein geringer Preis, wenn es um die Realisierung des Traums von der Hegemonie des amerikanischen Imperiums und seines treuen Verbündeten im Nahen Osten geht.

Der südafrikanische Informationsminister Ronnie Kasrils schrieb wenige Tage nach dem vom Sicherheitsrat der Vereinten Nationen beschlossenen Waffenstillstand treffend: „Mit der Bombardierung Beiruts hat die israelische Führung Repressalien bewusst in Kauf genommen, wie sie dies auch tut, wenn sie gezielte Ermordungen anordnet, um eine Gegenreaktion zu provozieren und all die Verhandlungen zu sabotieren, von denen sie nichts wissen will. Der Terror gegen die eigenen Bürger, die in den Süden fliehen oder sich in Schutzräumen verstecken, ist ein annehmbarer Teil ihres zynischen Kalküls. So bemerkte auch die israelische Friedensaktivistin Tanja Reinhart: ‚Für die israelische Militärführung sind nicht nur die Libanesen und die Palästinenser, sondern auch die Israelis selbst nichts als Schachfiguren ihrer umfassenden Kriegsvision.'"[57]

Schluss

Das sinkende Schiff des US-Imperiums

„Die Niederlage der Hisbollah wäre für den Iran psychologisch wie strategisch ein großer Verlust. Er würde seine Stütze im Libanon verlieren, sein wichtigstes Mittel, um den Nahen Osten zu destabilisieren und in die Region vorzudringen. Es würde offensichtlich, dass er im Versuch, sich als regionale Supermacht zu etablieren, weit über das Ziel hinausgeschossen hat. Die Vereinigten Staaten haben viel aufs Spiel gesetzt, um Israel einen Sieg zu ermöglichen und all dies zuzulassen. Sie haben darauf gesetzt, dass Israel in der Lage wäre, den Job zu verrichten. Sie wurden enttäuscht.“
Charles Krauthammer, *Washington Post*, 4. August 2006[58]

„Doch die Regierung muss nun zugeben, was alle einschließlich mir selbst, die an die Wichtigkeit eines Erfolgs im Irak geglaubt haben, zugeben müssen: Ob es nun an Bush liegt oder an den Arabern, wir schaffen es nicht und können nicht laufend noch mehr Leben opfern … Doch die nächstbeste Lösung ist nun, sich aus dem Irak zurückzuziehen. Denn die schlimmste Option – die ganz nach dem Geschmack des Iran wäre – ist für uns, im Irak zu bleiben, zu bluten, in guter Reichweite für einen Angriff des Irans, sollten wir seine Atomanlagen angreifen … Wir müssen einen Umgang mit dem Iran und Syrien finden, aber aus einer Position der Stärke – und das erfordert eine breite Koalition. Je länger wir im Irak einseitig eine verfehlte Strategie verfolgen, desto schwieriger wird es sein, eine solche Koalition aufzubauen, und umso stärker werden die Feinde der Freiheit.“
Thomas Friedman, *New York Times*, 4. August 2006[59]

An ein und demselben Tag mitten im israelischen Krieg gegen den Libanon stellten zwei der bekanntesten Kolumnisten der Vereinigten Staaten, die beide den imperialen Kurs der Bush-Regierung im Nahen Osten verteidigt haben, das Sinken des Schiffs fest. Das offenkundige Fiasko im Libanon von Sommer 2006 lässt keinen Zweifel aufkommen, dass eingetreten ist, was viele seit langem vorausgesagt haben: Die Regierung Bush wird als ungeschickteste Crew, die je das amerikanische Imperium gesteuert hat, in die Geschichte eingehen.

Cowboy-Diplomatie

George W. Bush und seine Stützen in der Regierung sind bereits als Totengräber der imperialen Ambitionen der Vereinigten Staaten nach dem Kalten Krieg ins kollektive Gedächtnis eingegangen. Sie haben die beispiellose Heldentat vollbracht, die ausgesprochen günstigen Bedingungen, die der US-Imperialismus nach dem Zerfall der zweiten Weltmacht 1989 vorgefunden hat, ungenutzt verstreichen zu lassen. Sie haben eine einzigartige Gelegenheit verpasst, die der oben zitierte Krauthammer zu Beginn dieser neuen Ära als „unipolaren Moment" bezeichnete.[60] Sie haben diese Chance verpasst, weil sie von genau derselben imperialen Anmaßung getragen waren, die Leute wie Krauthammer und Friedman auszeichnet.

Der Leitartikel einer Ausgabe des Nachrichtenmagazins *Time*, die noch kurz vor Beginn von Israels jüngstem Libanonkrieg erschienen ist, verkündete das „Ende der Cowboy-Diplomatie". Diese Einschätzung stützte sich auf die offensichtliche Erkenntnis, dass die „Bush-Doktrin gerade an der wichtigsten Stelle, wo sie die Vereinigten Staaten anzuwenden versuchten, gescheitert ist". Die *Time* schreibt weiter: „Obwohl niemand im Weißen Haus Bushs Entscheidung, gegen den Irak Krieg zu führen, offen hinterfragt, räumen einzelne Mitarbeiter nun ein, dass dieser Krieg mittlerweile einen hohen Preis an militärischer Ausrüstung, öffentlicher Unterstützung und Glaubwürdigkeit im Ausland gefordert hat. Die Rechnung dafür bekommt die Regierung tagtäglich vorgesetzt, während sie gleichzeitig versuchen muss, mit anderen Krisen fertig zu werden. Es ist nahezu unmöglich, die in der Bush-Doktrin vorgesehene offensive Außenpolitik weiterzuführen, während die Vereinigten Staaten gleichzeitig einen Weg suchen, sich aus dem Irak zurückzuziehen. Freunde wie Gegner der Vereinigten Staaten in der ganzen Welt nehmen diese Spannungen der Supermacht zur Kenntnis – und nutzen die Situation oft aus. Während mit dem Sturz Saddam Husseins die US-Hegemonie einen Glanzpunkt erlebte, zeugen die letzten drei Jahre von der stetigen Erosion der Fähigkeit Washingtons, die Welt ihrem Willen zu unterwerfen."[61]

Der gravierendste Vorwurf der Autoren lautete: „Wie sich herausstellt, könnte der Irak nicht nur das erste, sondern auch das letzte Versuchsfeld für einen Präventivkrieg sein. Anstatt die Machthaber in Teheran und Pjöngjang abzuschrecken, könnten die Mühen der US-Besatzung diese Regime eher darin bestätigen, Atomwaffen zu beschaffen, und die Fähigkeit der US-Armee einschränken, sie davon abzuhalten."

Begleitet war diese ausgesprochen bittere Einschätzung der *Time*-Journalisten von einer Hoffnung, die damals auch der große Reigen der US-Verbündeten, -Schützlinge und -Klienten teilte: Sie alle, mit der bemerkenswerten Ausnahme der israelischen Regierung, verbanden mit der Tatsache, dass die prominentesten Neokonservativen in der Bush-Regierung wie Paul Wolfowitz und vor ihm Richard Perle beiseite geschoben wurden, die Hoffnung, in der US-Regierung zeichne sich ein neuer, heilsamer außenpolitischer Kurs ab. Die Umbesetzungen in der zweiten Amtszeit von George W. Bush schienen – trotz des Abgangs des „Realisten par excellence", Colin Powell, der allerdings nur begrenzten Einfluss auf die Regierung hatte – die „Abenddämmerung der Neokonservativen" zu bestätigen, die manche Clinton-Anhänger zwei Jahre zuvor angekündigt hatten.[62]

Was die *Time*-Autoren als Zeichen für ein Ende der „Cowboy-Diplomatie" werteten – „mit dem Aufstieg von Staatssekretärin Condoleezza Rice ist offensichtlich ein grundlegender Strategiewechsel verbunden" –, erwies sich, kaum war es gedruckt, im Lichte der darauf folgenden Ereignisse, Israels bisher brutalstem Angriff in seiner Geschichte, als reines Wunschdenken. Offensichtlich wurde die Cowboy-Diplomatie einfach durch eine Cowgirl Diplomatie ersetzt, die im Wesentlichen auf dasselbe hinausläuft.

Rice tat zwar ihr Bestes, um der Außenpolitik der Bush-Regierung ein neues Make-up zu verpassen, in der Substanz gab es aber keine maßgeblichen Veränderungen. Rice war von Anfang an eine Stütze der Regierung und zeichnet sich durch denselben verrückten Größenwahn und dieselben übertriebenen Zielsetzungen aus wie die restlichen Leute um Bush. Ihr Auftrag im State Departement, mit dessen Führung sie in der zweiten Amtszeit von Präsident Bush betraut wurde, bestand hauptsächlich darin, die vielen Lecks in der US-Außenpolitik zu stopfen: ein allerdings unerfüllbarer Auftrag. Das Schiff sinkt unaufhaltsam im trüben Wasser des irakischen Ölteppichs.

Gulliver und die Liliputaner

Die US-Armee gibt mehr Geld für Rüstung aus als die über 200 Staaten der restlichen Welt zusammen. Allein der Militärhaushalt übersteigt die Wirtschaftskraft aller Länder weltweit mit Ausnahme der führenden 14 Industrienationen nach den Vereinigten Staaten. Und doch hat diese „Hypermacht", die in der Lage ist, jede andere reguläre Armee weltweit zu besiegen, einmal mehr in der jüngeren Geschichte gezeigt, dass sie unfähig ist, eine aufständische Bevölkerung unter Kontrolle zu bringen. Denn dafür ist all das ausgeklügelte Tötungsarsenal des Pentagons von sehr begrenzter Hilfe. Um die Einwohner einer ganzen Region zu kontrollieren, braucht man Soldaten.

In dieser Art von Gewerbe lässt sich die Arbeitskraft kaum durch Hardware ersetzen. Deshalb tun sich Diktaturen in diesem Geschäft übrigens vergleichsweise leichter, da sie ihre Bevölkerung nach Belieben aufbieten können und kein Problem damit haben, unzählige Soldatenleben zu opfern.

Die USA haben sich als unfähig erwiesen, Vietnam unter Kontrolle zu bringen, obwohl dort im Verhältnis zur Einwohnerzahl wesentlich mehr Truppen im Einsatz waren als im Irak. Gewiss, die militärische Stärke der Vereinigten Staaten ist heute derjenigen zur Zeit des Vietnamkriegs in jeder Hinsicht überlegen, außer in einem Punkt, der für eine Besatzung entscheidend ist: der Truppenstärke. Der Personalbestand der US-Armee wurde seit Vietnam und dem Ende des Kalten Krieges radikal reduziert. Im Geist eines für den Kapitalismus in der Ära der Automatisierung typischen Denkens glaubte das Pentagon, die Unzuverlässigkeit des Humankapitals durch eine starke Abhängigkeit von hochtechnologischen Waffen, hochtrabend als „Revolution in Militärangelegenheiten" bezeichnet, ausgleichen zu können. Damit fand ein Übergang ins Zeitalter der „post-heroischen" Kriege statt, wie sie ein Militärexperte treffend genannt hat.[63] Die Vereinigten Staaten hatten tatsächlich ein leichtes Spiel, die irakische Armee von Saddam Hussein „post-heroisch" zu besiegen. Die „post-heroische" Kontrolle über die irakische Bevölkerung erwies sich dagegen als unvergleichlich schwieriger.

Seit der Stationierung ihrer Besatzungstruppen 2003 verlieren die Vereinigten Staaten stetig die Kontrolle über den Irak. Zuerst waren sie mit der Ausbreitung eines bewaffneten Aufstands in den Gebieten der arabischen Sunniten konfrontiert, der durch die begrenzte Zahl an verfügbaren amerikanischen Besatzungstruppen nicht unterdrückt werden konnte. Denn wenn eine Invasionsarmee nicht in der Lage ist, die Kontrolle über jeden kleinsten Flecken bewohnten Landes auszuüben, wie dies bei einer lokalen Armee üblicherweise der Fall ist, gibt es nur einen sicheren Weg, einen bewaffneten Aufstand niederzuschlagen, der sich in der eigenen Bevölkerung „wie ein Fisch im Wasser" bewegt, um eine Formulierung Mao Zedongs aufzugreifen: nämlich das Becken auszutrocknen. Im Klartext heißt das, entweder einen Völkermord zu begehen, wie ihn die russische Armee in Tschetschenien ansatzweise verübt hat, oder die Bevölkerung in Konzentrationslager zu sperren, wie das die französische Kolonialverwaltung in Algerien begonnen hatte, oder aber eine Mischung aus beidem, was die Vereinigten Staaten in Vietnam teilweise verfolgt, aber nicht zu Ende geführt haben, da die amerikanische Bevölkerung es nicht zugelassen hätte.

Im Irak war Washington außerdem mit einem viel schwierigeren Problem konfrontiert, das ab Anfang 2004 deutlich wurde: Die Bush-Regierung hatte sich durch ihre eigene Dummheit und die Versprechungen oder die törichten Illusionen einiger irakischer Pentagon-Freunde zum Glauben verleiten lassen, sie könne die Sympathie eines bedeutenden Teils der arabischen Schiiten gewinnen, die im Irak die Mehrheit der Bevölkerung ausmachen. Das erwies sich als Trugschluss, da das bisschen an Unterstützung, das sich Washingtons Gefolgsleute unter den irakischen Schiiten erkaufen konnten, durch den Einfluss der dem Iran nahestehenden fundamentalistischen Schiiten-Organisationen völlig bedeutungslos blieb. Der Regierung Bush blieb also keine andere Wahl, als in der Verfolgung ihrer imperialen Absichten auf das klassische Rezept des „teile und herrsche" zurückzugreifen. Sie versuchte, die Feindschaft zwischen den drei Hauptgruppen der irakischen Bevölkerung zu schüren, indem sie sich auf die mit den Kurden verbündeten Kräfte der arabischen Sunniten stützte, um sie gegen die Schiiten auszuspielen. Damit trieb sie den Irak letztlich noch rascher auf einen Bürgerkrieg zu und verstärkte so den allgemeinen Eindruck, in ihrem Versuch, das Land unter Kontrolle zu bringen, völlig gescheitert zu sein.[64]

Die Art und Weise, wie die irakischen Liliputaner den amerikanischen Gulliver außer Gefecht setzten – ganz zu schweigen vom Desaster, das sich in Afghanistan abzeichnet, wo gegenwärtig eher die Taliban die NATO-Truppen in Schach halten als umgekehrt –, hat zweifellos dem Iran, der zweiten Stütze in der „Achse des Bösen", die George W. Bush zu Beginn seines imperialen Feldzugs nach dem 11. September 2001 im Nahen Osten ausmachte, erheblich Auftrieb verliehen.

Die absolut widerspenstige, ja provokative Haltung des Irans gegenüber dem amerikanischen Riesen war nur möglich, weil dieser im Irak bewiesen hatte, auf welch schwachen Beinen er steht. Und Teheran konnte erfolgreich den Versuch der arabischen Gefolgsleute Washingtons abwehren, die Religionsfehde vom Irak auf den Rest der arabischen Region auszudehnen, um das iranische Regime als schiitisch zu isolieren – eine Taktik, die 1979 nach der Iranischen Revolution einen gewissen Erfolg gezeigt hatte. Teheran konterte, indem es die arabischen Regime in ihrer Feindschaft zu Israel überbot und sich damit das Image eines Vorkämpfers der panislamischen Sache gab.

Ein Schlüssel zu Teherans Erfolg liegt im Bündnis, das es mit der Hamas, der populärsten Verkörperung des sunnitisch-islamischen Fundamentalismus, aufgebaut hat. Mohammed Mahdi Akef, Chef der ägyptischen Sektion der Muslimbruderschaft, der größten Sektion dieser Bewegung, deren palästinensischer Zweig die Hamas ist, bekräftigte dieses Bündnis, indem er sich 2005 öffentlich hinter die provokanten israelfeindlichen Aussagen des iranischen Präsidenten Ahmedinedschad stellte. Der Sieg der Hamas bei den palästinensischen Wahlen von Januar 2006 bedeutete einen weiteren schweren Schlag für Washingtons Strategie in der Region. Teheran jubelte und forderte durch die Unterstützung der neuen palästinensischen Regierung einmal mehr all seine arabischen Rivalen heraus. An diesem Punkt trat Israel als potentieller Retter eines imperialen Kurses auf, der immer mehr an das Schicksal der Titanic erinnerte.

Israel als Helfer in der Not

Einmal mehr in dem seit vier Jahrzehnten bestehenden strategischen Bündnis zwischen dem US-Sponsor und dem israelischen Champion schickte Washington, noch immer auf Israels alten Ruf vertrauend, es verfüge über ein unfehlbares Knowhow im Umgang mit dem arabischen Feind, seinen bevorzugten Handlanger gegen jene ins Feld, die es als Handlanger des Irans betrachtet, nämlich Hamas und Hisbollah. Was die Bush-Regierung allerdings nicht zu bedenken schien, ist, dass Israels Ruf durch sein offensichtliches Scheitern, die besetzten palästinensischen Gebiete unter Kontrolle zu bringen, und erst recht durch den Rückzug aus dem Südlibanon im Mai 2000 nach 18-jähriger Besatzung, der unweigerlich mit der Räumung Saigons durch die Vereinigten Staaten 1975 verglichen wurde, bereits stark angeschlagen war. Israel hatte im Libanon bereits sein eigenes Vietnam erlebt. Und wie das Pentagon nach Vietnam sind auch die israelischen Kriegsplaner seit dem Libanon auf eine „post-heroische Militärpolitik" eingeschwenkt und vertrauen viel mehr auf ihr haushoch überlegenes Gerät als auf die Kampffähigkeit ihrer Bodentruppen.

Als Israel 1982 in den Libanon einmarschierte, bekämpfte es hauptsächlich die PLO-Freischärler. Diese waren im Libanon alles andere als „Fische im Wasser", denn durch ihr arrogantes, plumpes Verhalten hatten sie die libanesische Bevölkerung gegen sich aufgebracht. Der libanesische Widerstand, der sich ab 1982 entwickelte und in dem die Hisbollah nach und nach die führende Rolle spielte, war damit nicht zu vergleichen. Zum ersten Mal hatte es die israelische Armee mit einem wirklich von der Bevölkerung mitgetragenen bewaffneten Widerstand zu tun, der in einem Gebiet operiert, das sich für den Guerilla-

Krieg eignet und über Nachschublinien verfügt. Israel geriet in dasselbe Dilemma, das bereits für den Irak beschrieben wurde, und war ähnlich wie die Vereinigten Staaten in Vietnam gezwungen, die bittere Pille eines Rückzugs zu schlucken, der einer Niederlage gleichkommt. Denn es war nicht in der Lage, die für einen Sieg erforderlichen Bedingungen herzustellen.

Im anmaßenden Glauben, dank überlegener Bewaffnung unbesiegbar zu sein, gepaart mit einem Dilettantismus in Militärangelegenheiten, der die momentanen Kapitäne der israelischen Crew, Ehud Olmert und Amir Peretz, auszeichnet, vertraute Israel darauf, die Hisbollah zur Kapitulation zwingen oder die Libanesen an den Rand eines neuen Bürgerkriegs führen zu können. Dafür nahm es den ganzen Libanon in Geiselhaft, zerstörte die zivile Infrastruktur des Landes und deckte die schiitisch bewohnten Gebiete mit einem Bombenhagel ein. Ganze Stadtteile und Dörfer wurden in kurzer Zeit dem Erdboden gleichgemacht, was an manche Bombardierungen des Zweiten Weltkriegs oder die Bombardierung Falludschas im Irak 2004 erinnert, wenn diese Angriffe auch viel umfassender und damit wesentlich sichtbarer waren. Im jüngstem Libanonkrieg ging Israel mit der tödlichen Verbissenheit eines Racheaktes gegen die einzige Bevölkerung vor, der es bisher gelungen war, Israel zum bedingungslosen Rückzug aus einem besetzten Gebiet zu zwingen.

Das kriminelle Vorgehen der israelischen Armee im Libanon übertrifft, was nach internationalen Konventionen definierte Kriegsverbrechen betrifft, sogar die von den Vereinigten Staaten in Militäraktionen nach dem Vietnamkrieg direkt in großem Stil begangenen Taten, sei es im Irak oder im ehemaligen Jugoslawien. Damit kommt der israelische Angriff auf den Libanon einem Sonderfall dessen gleich, was in den Vereinigten Staaten als „extraordinary rendition" (Auslieferung der besonderen Art) bezeichnet wird: Bekanntlich hat Washington Personen, die weit über die von der nationalen Gesetzgebung auferlegten Einschränkungen hinaus „verhört" werden sollten, an verbündete Regime ausgeliefert, denen im dreckigen Geschäft der Folter keine Grenzen gesetzt sind. Nun hat Washington Israel die Aufgabe übertragen, die Hisbollah zu bekämpfen, eine Operation, die als Kernstück der regionalen Gegenoffensive gegen den Iran betrachtet wurde. Es hoffte, Israel könne ohne größere Schwierigkeiten die dreckige Arbeit verrichten, eine in der Bevölkerung gut verankerte Organisation auszulöschen.

Die israelische Führung glaubte, sich vor jeder Kritik der „internationalen Gemeinschaft" – ein Sammelbegriff für die Westmächte – schützen zu können, indem sie einmal mehr die schreckliche Erinnerung an den Völkermord der Nazis schamlos instrumentalisierte. Die Unverfrorenheit, mit der dies geschah, erreichte im 33-Tage-Krieg einen neuen Höhepunkt. Und obwohl die Möglichkeiten für diese Instrumentalisierung mit jeder Schwelle an Brutalität, die Israel überschreitet, unweigerlich schwinden, ist sie noch immer wirksam: Jeder andere Staat der Welt, der sein Nachbarland angreifen und dort in kürzester Zeit bewusst Kriegsverbrechen begehen würde wie Israel im Sommer 2006 im Libanon, würde eine Protestwelle auslösen, die unvergleichlich heftiger wäre als die halbherzigen oder schüchternen Vorwürfe, die Israel dafür geerntet hat, ein wenig über das Ziel hinausgeschossen zu haben.

Trotzdem war der rücksichtslose israelische Angriff kein Erfolg. Er hat sich im Gegenteil schon bald als Israels „am wenigsten erfolgreicher" Krieg erwiesen, wie Zeev Sternhell beschönigend schrieb, bevor er bitter resümierte: „Der Gedanke ist erschreckend, dass jene, die den Beschluss gefällt haben, in diesen Krieg zu ziehen, nicht einmal im Traum an das Ergebnis und die in fast jeder Hinsicht zerstörerischen Folgen gedacht haben, an den politischen und psychologischen Schaden, an die Untergrabung der Glaubwürdigkeit der Regierung und – ja, auch an das überflüssige Töten von Kindern. Der Zynismus, den offizielle oder offiziöse Regierungssprecher einschließlich mancher Militärberichterstatter angesichts der von den Libanesen erduldeten Katastrophe an den Tag legten, bestürzt sogar jemanden wie mich, der seine Illusionen aus der Jugendzeit seit langem verloren hat."[65]

Die Folgen kolonialer Kriege

Anstatt einen innerlibanesischen Bürgerkrieg zu provozieren, hat Israels rücksichtsloser Angriff nur dazu geführt, die libanesische Bevölkerung in ihrer gemeinsamen Ablehnung dieser mörderischen Gewalt zu einen, solange die Bombardierungen anhielten. Anstatt die Hisbollah zu zwingen, die Waffen niederzulegen, hat er die islamisch-fundamentalistische Schiiten-Organisation zum angesehensten Gegner gemacht, dem Israel seit dem Sieg über Ägypten 1967 je begegnet ist, und Hisbollah-Chef Hassan Nasrallah zum beliebtesten arabischen Helden seit Nasser. Anstatt den Bemühungen Washingtons und seiner arabischen Gefolgsleute entgegenzukommen, einen tieferen Keil zwischen Sunniten und Schiiten zu treiben, bewog er viele sunnitische Prediger dazu, die Hisbollah offen zu unterstützen – selbst im saudischen Königreich, was für die saudische Herrscherfamilie äußerst demütigend ist. Die Irakis haben den israelischen Angriff einhellig verurteilt, und Moqtada as-Sadr, Washingtons gefürchtetster Gegner im Irak und ein Freund Teherans, ergriff die Gelegenheit, eine weitere Massendemonstration zu organisieren, die ebenso regen Zulauf hatte wie jene, die er am 9. April 2005 gegen die Besatzung organisiert hatte.

Der ägyptische Soziologe Saad Eddine Ibrahim, einer der seltenen Demokraten, die von einem mit Washington verbündeten Regime verfolgt und dennoch von den Vereinigten Staaten verteidigt wurden, hat in Kairo das Ibn Khaldun Center for Development Studies gegründet. Dieses Forschungsinstitut führt unter anderem Meinungsumfragen durch. In einem Artikel der *Washington Post* fasste Ibrahim die markantesten Ergebnisse einer Popularitätsumfrage zusammen, die sein Institut im August 2006 unter 1700 Personen in ganz Ägypten durchgeführt hat: Hassan Nasrallah „scheint in 82 Prozent der Antworten auf, gefolgt vom iranischen Präsidenten Mahmud Ahmedinedschad (73 Prozent), Khaled Mashal von der Hamas (60 Prozent), Osama bin Laden (52 Prozent) und Mohammed Mahdi Akef von den ägyptischen Muslimbrüdern (45 Prozent)."[66]

Ein deprimierenderes Urteil über die Politik der Regierung Bush im Nahen Osten kann man sich kaum vorstellen. Diese Umfrage zeigt deutlich, dass das israelische Rettungsboot unabhängig von der weiteren Entwicklung im Libanon nicht in der Lage ist, das sinkende Schiff des US-Imperiums in der Region wieder flott zu machen, sondern im Gegenteil den Schaden noch verschlimmert hat und sogar mit diesem unterzugehen beginnt. Bleibt nur zu hoffen, dass nicht Tausende von zusätzlichen Opfern im Nahen Osten wie in der restlichen Welt einschließlich des Westens mit in den Untergang gerissen werden.

Die Zeiten sind vorbei, in denen die Mutterländer in Unbekümmertheit leben konnten, während sie ihre Armeen auf Kolonialabenteuer schickten. Die Einmischung Frankreichs in den Krieg zwischen dem Irak und dem Iran hatte 1986 Anschläge in Paris zur Folge, die Einmischung in den Konflikt in Algerien führte zu weiteren Anschlägen im Jahr 1995. Russlands Kolonialunternehmen in Tschetschenien zog tödliche Anschläge auf russischem Boden selbst in Moskau nach sich. Die massive Rückkehr der US-Armee in die Staaten des arabisch-iranischen Golfs führte zu den fürchterlichen Anschlägen vom 11. September 2001, die Beteiligung Spaniens an den Kriegen Washingtons im Nahen Osten zu den Anschlägen vom 11. März 2004 in Madrid. Die Beteiligung Großbritanniens an denselben Kriegen hatte die Anschläge in London vom 7. Juli 2005 zur Folge. Die Zahl von Anschlägen, die in diesen Hauptstädten und diversen anderen westlichen Städten vereitelt wurden, ist beeindruckend.

Wie viele Tote, wie viel Grauen braucht es noch, bevor die kolonialen Kriege, Besatzungen und Einmischungen endgültig aufhören?

Anmerkungen

1 Der Libanon wurde 1943 als unabhängiger Staat ausgerufen, doch die letzten französischen Kolonialtruppen verließen das Land erst 1946.

2 Malcolm Kerr, *The Arab Cold War: Gamal 'Abd al-Nasir and His Rivals, 1958–1970*, London, Oxford 1970.

3 Gemäß einer Erhebung der Größe der Gemeinschaften aus dem Jahr 1932 (seither gab es keine mehr).

4 Georges Naccache, „Deux négations ne font pas une nation", Editorial, *L'Orient* (Beirut), 10. März 1949.

5 Gamal Abdel-Nasser, ägyptischer Präsident von 1954 bis zu seinem Tod 1970.

6 Die Operation wurde „Frieden in Galiläa" getauft.

7 Für eine Analyse der Hisbollah siehe das nächste Kapitel.

8 Nachrichtendienste – in Wirklichkeit mafiöse Apparate.

9 Während die Erdölrechnung Frankreichs aufgrund der steigenden Erdölpreise insbesondere gegenüber dem saudischen Königreich, dem nach Norwegen und Russland drittwichtigsten Lieferanten Frankreichs, 2005 unablässig gestiegen ist, verstärkte Paris seine Bemühungen erheblich, die Exporte in die erdölliefernden Staaten des Nahen Ostens zu steigern. Die französischen Exporte ins saudische Königreich stiegen 2005 um über 26 Prozent, wodurch dieses nach den Vereinigten Arabischen Emiraten (VAE) und dem Iran an dritte Stelle in der Region aufrückte. Insgesamt ist das saudische Königreich nach der Türkei der zweitwichtigste Handelspartner Frankreichs im Nahen Osten. Im März 2006 besuchte Jacques Chirac Riad in Begleitung von 14 Großunternehmern, darunter den Chefs von Total, Dassault, Thalès und der Vorsitzenden des Unternehmerverbandes MEDEF. Am 21. Juli 2006 unterzeichneten Paris und Riad zum Abschluss eines Besuchs des saudischen Thronfolgers und Verteidigungsministers Sultan Ben Abdel-Aziz in Frankreich ein Abkommen zur militärischen Zusammenarbeit, das die Lieferung wichtiger Ausrüstungen im Wert von mehreren Milliarden Euro vorsieht. Sie betreffen in einem ersten Schritt rund 100 Hubschrauber, Airbus-Tankflugzeuge und Artillerieteile, zu denen entsprechend dem Fortgang der Verhandlung noch Jagdflugzeuge der Marke Rafale und Panzer der Marke Leclerc hinzukommen sollen. Frankreich versucht auch, dem Königreich Fregatten und U-Boote sowie Radarüberwachungssysteme (225 Radargeräte) im Wert von 7 Milliarden Euro zu verkaufen. Zu erwähnen ist auch, dass das saudische Königreich 2004 nach dem Libanon (!) und den VAE in Frankreich an dritter Stelle liegt, was den Anteil an Direktinvestitionen aus dem Nahen Osten betrifft.

10 Zur Amal siehe nächstes Kapitel.

11 Siehe Kapitel 3.

12 Der israelfeindliche Diskurs der Hisbollah gleitet oft vom Antizionismus in Judenfeindlichkeit ab und ist nicht frei von antisemitischen Einflüssen. Zu dieser Frage und zur Ideologie der Hisbollah insgesamt, siehe das Werk von Amal Saad-Ghorayeb, *Hizbu'llah: Politics and Religion*, London, Pluto Press 2002.

13 Ist es nötig, den grundlegenden Unterschied zwischen einer Terrororganisation wie Al Qaida und einer Massenpartei wie der Hisbollah auszuführen? Obwohl es sich um zwei Varianten des islamischen Fundamentalismus handelt, verweist die Bezeichnung auf eine gemeinsame programmatische Grundlage, unter der sich mindestens ebenso weitreichende Unterschiede verbergen wie einst im „Kommunismus", beispielsweise zwischen den Roten Brigaden und der Kommunistischen Partei Italiens, um nur ein Land zu nennen. Zweifellos gab es Antikommunisten, die wahnwitzig genug waren, beide in denselben Topf des „Totalitarismus" zu werfen, wie auch George W. Bush heute Al Qaida und die Hisbollah derselben Kategorie des „islamischen Faschismus" zurechnet.

14 In einem am 1. März 2004 in *L'Orient-le Jour* veröffentlichten Interview berichtet Elias Atallah, ehemaliges Mitglied der KPL-Leitung, der bis 1987 die Nationale Front des libanesischen Widerstands geleitet hat, einige Jahre später aus der Partei ausgetreten ist und sich heute dem Bündnis vom 14. März angeschlossen hat, Folgendes:

„Durch die ‚Privatisierung' der regionalen Sicherheitskontrollen (jede Region wurde durch eine Miliz kontrolliert) hatten wir bei der Umsetzung unserer Widerstandsaktionen große Schwierigkeiten. Es ist das erste Mal, dass ein Volk ‚von innen heraus' leiden muss, um sein Gebiet befreien zu können und die Besatzungstruppen zu treffen. Die Mitglieder der Nationalen Front des libanesischen Widerstands hatten es sehr schwer, den ‚Sicherheitsgürtel' zu erreichen. Sie waren täglichen Angriffen der Kräfte ausgesetzt, die die Region kontrollierten."

15 Die Erklärung verwendete die arabisch-persische khomeinistische Bezeichnung *mustazafin* statt des arabischen *mahrumin* (das im Allgemeinen mit „die Benachteiligten" übersetzt wird), die Mussa Sadr für den Namen seiner Bewegung gewählt hatte.

16 So fehlt im Libanon ein Bürgerliches Gesetzbuch, das den Personenstand regelt; für Angelegenheiten wie Hochzeiten oder Erbschaften werden stattdessen die jeder Konfession eigenen Regeln praktiziert.

17 Waddah Charara, *Dawlat „hizbullah": lubnan mudschtamaan islamijan* (Der „Hisbollah"-Staat: der Libanon als islamische Gesellschaft), Beirut, Dar an-Nahar, 1996. Chararas Werk ist sehr interessant, aber beeinträchtigt durch die extrem ablehnende Haltung des Autors gegenüber seinem Untersuchungsgegenstand und sein Bemühen, der Schiitenorganisation unbedingt das Etikett des „Totalitarismus" anhängen zu wollen.

18 Dieselbe Unverfrorenheit erlaubt Washington auch, Kuba und Venezuela regelmäßig der Einmischung in die Angelegenheiten anderer lateinamerikanischer Länder zu bezichtigen.

19 Es handelt sich um einige Quadratkilometer libanesischen Bodens, die Israel bei seiner Eroberung der Golanhöhen 1967 beschlagnahmt hat.

20 So die Erklärung des stellvertretenden Generalsekretärs der Hisbollah, Naim Qassem, in einem Interview, das er (auf Arabisch) der Website Islamonline.net gegeben hat und das am 25. Oktober 2005 veröffentlicht wurde.

21 Walid Charara, „Fragen Sie die Hauptbetroffenen" (auf Arabisch), *Al-Akhbar*, 19. August 2006. Walid Charara ist hauptverantwortlich für die „Standpunkt"-Seite der neuen Tageszeitung und hat gemeinsam mit Frédéric Domont ein Buch über die Hisbollah verfasst (*Le Hezbollah: Un mouvement islamo-nationaliste*, Paris, Fayard, 2004). Wegen seiner übermäßigen Nachsicht gegenüber der Schiitenpartei setzt sich der Autor trotz seiner ausgezeichneten Kenntnis derselben dem umgekehrten Vorwurf aus, der weiter oben gegen seinen Namenskollegen erhoben wurde (vgl. Fußnote 17). Walid Charara neigt dazu, die Hisbollah rot zu sehen, während Waddah Charara sie als braun zeichnet – was beides nicht zutrifft.

22 Gerade dieser letzte Grund lässt sich politisch umso besser ausschlachten, als der älteste Gefangene, Samir Kuntar, drusischer Herkunft ist. Er ist gegenwärtig der wichtigste Exponent einer arabisch-nationalistischen „drusischen" Haltung, die weiter auf der Linie der früheren Mehrheitsmeinung dieser Gemeinschaft steht, die von der ursprünglich feudal strukturierten Führung unter Kamal Dschumblat und seinem Sohn Walid vertreten wurde, bis sich Letzterer gegen Syrien, den Iran und die Hisbollah kehrte, um sich den Hariris und ihren saudischen wie US-amerikanischen Geldgebern unterzuordnen.

23 Abschrift der auf Arabisch gehaltenen Rede, die auf der Website des Islamischen Widerstands (moqawama.org) veröffentlicht wurde.

24 Arabische Abschrift, veröffentlicht in der Zeitung *As-Safir* vom 28. August 2006.

25 Siehe insbesondere die Untersuchungen von Seymour Hersh, „Watching Lebanon", *The New Yorker*, 21. August 2006, und von Matthew Kalman, „Israel set war plan more than a year ago", *San Francisco Chronicle* vom 21. Juli 2006.

26 Stephen Farrell, „The Times interview with Ehud Olmert: full transcript", *The Times*, 2. August 2006.

27 Gidi Weitz, „To Beirut if Necessary", *Haaretz*, 11. August 2006.

28 Steven Erlanger, „War Gives Israeli Leader Political Capital", *New York Times*, 16. Juli 2006.

29 Siehe das nächste Kapitel.

30 Efraim Inbar, „Prepare for the Next Round", *Jerusalem Post*, 15. August 2006.

31 Moshe Arens, „Let the Devil Take Tomorrow", *Haaretz*, 13. August 2006.

32 Sowohl die Vereinigten Staaten als auch Frankreich haben mit den Saudis während des Libanon-Kriegs von Juli 2006 umfassende Rüstungsverträge abgeschlossen. Zu den französischen Interessen siehe Kapitel 1, Fußnote 9.

33 Associated Press, „Draft U.N. Resolution on War in Lebanon", 5. August 2006.

34 Interview mit der Zeitung *Le Monde*, 27. Juli 2006. Die französische Presse berichtete in der Folge über das Zögern der französischen Armeeführung, sich zu etwas zu verpflichten, was ihr als bedrohliches Wespennest erschien, zumal die Hisbollah soeben ihre Fähigkeit unter Beweis gestellt hatte, unvergleichlich stärkeren Offensiven zu trotzen als all dem, was Paris und seine europäischen Partner vor Ort im Libanon auffahren lassen könnten.

35 Resolution 1701, Vorauskopie des Deutschen Übersetzungsdienstes, Vereinte Nationen, New York.

36 Gemäß einem Sprecher der libanesischen Armee, der sich laut den in *Le Monde* vom 15. September 2006 wiedergegebenen Aussagen darüber verwundert zeigte.

37 Die Isaf (International Security Assistance Force), im Kern eine NATO-Hilfstruppe der US-Armee, agiert in Afghanistan mit einem im Dezember 2001 beschlossenen Mandat des Sicherheitsrats der Vereinten Nationen.

38 Vom 8. bis 25. Mai 2006 führte Italien in Sardinien unter der Bezeichnung Spring Flag 2006 multinationale Luftwaffenübungen durch, an denen sich mehrere europäische Streitkräfte (Belgien, Deutschland, Frankreich, Großbritannien, Niederlande) und die US Air Force in Europa (USAFE) beteiligten. Rom lud die israelische Luftwaffe ein, sich daran zu beteiligen (an der Übung nahmen fünf F-151 „Raam" teil), worauf sich Schweden zurückzog, dessen Beteiligung ursprünglich ebenfalls vorgesehen war. Die israelische Luftwaffe hatte bereits an gemeinsamen Übungen mit der deutschen und der italienischen Luftwaffe teilgenommen.

39 Redetext (auf Arabisch), veröffentlicht in der Tageszeitung *As-Safir* (Beirut), 13. August 2006.

40 An der Massenkundgebung vom 22. September 2006 zur Feier des „gottgegebenen Sieges" (*nasr ilahi*) seiner Organisation schlug Nasrallah wieder einen triumphalistischen Ton an. Der Ausdruck „gottgegebener Sieg" entspricht übrigens sowohl der religiösen Ideologie der Hisbollah als auch dem Personenkult um ihren Chef, dessen Name Nasrallah auf Arabisch „Gottes Sieg" bedeutet.

41 Unter den Ländern, die sich an der neuen UNIFIL beteiligen, verfügt nur Frankreich über einen großen Flugzeugträger, was es im Hinblick auf Auseinandersetzungen vor Ort unverzichtbar macht. Italien und Spanien besitzen nur je einen kleinen STOVL-Flugzeugträger. Im Oktober 2006 versuchte Paris, ein UNO-Mandat zu erhalten, um seinen Flugzeugträger unter dem Vorwand der Überwachung des libanesischen Luftraums zu entsenden, damit dies nicht mehr von der israelischen Luftwaffe selbst gemacht und die libanesische Souveränität nicht mehr verletzt würde, was die Argumentation der Hisbollah stützte.

42 Zeev Schiff, „Delayed ground offensive clashes with diplomatic timetable", *Haaretz*, 13. August 2006.

43 Eine vom ausgesprochen israelfreundlichen Washington Institute for Near East Policy einen Monat nach dem Waffenstillstand im Libanon veröffentlichte Studie betonte mit Bestürzung „die Langsamkeit der Wiederaufbaubemühungen der Regierung [Siniora] – insbesondere wenn man sie mit dem raschen, umfassenden Wiederaufbauprogramm vergleicht, das gegenwärtig von der Hisbollah mit Unterstützung des Irans umgesetzt wird. Zusätzlich zu den 12 000 Dollar pro Familie, die die Hisbollah bereits 5000 obdachlosen Familien ausgezahlt hat, weisen Presseberichte darauf hin, dass die Hisbollah ihre eigene Schätzung der Schäden in den Vororten Beiruts bereits fast abgeschlossen hat [...]. Die Hisbollah bedient nicht nur die schiitischen Gebiete, sondern agiert auch in den sunnitisch dominierten Gebieten wie der Region Akkar im Norden, wo Berichten zufolge die schiitische Miliz kürzlich rund 200 Wohnungen in 13 Dörfern wieder hergerichtet hat." (David Schenker, „Reconstructing Lebanon: Short and Longer Term Challenges", Policy Watch # 1146, The Washington Institute for Near East Policy, 12. September 2006.)

44 1996 standen über 17 Prozent der Wohnungen leer.

45 Tanya Reinhart, „Israel's ‚New Middle East'", *ZNet*, 26. Juli 2006.

46 Yoel Marcus, „5 Comments on the Situation", *Haaretz*, 29. August 2006.

47 Charles Krauthammer, „ Israel's Lost Moment", *Washington Post*, 4. August 2006.

48 „Address by Foreign Minister Ehud Barak to the Annual Plenary Session of the National Jewish Community Relations Advisory Council, February 11, 1996", MFA Library, Internet-Seite des israelischen Außenministeriums (www.mfa.gov.il).

49 Ralph Peters, „Can Israel Win?", *New York Post*, 22. Juli 2006.

50 Gidi Weitz, „To Beirut if Necessary", *Haaretz*, 11. August 2006.

51 Uri Avnery, „What the Hell has Happened to the Army?", 12. August 2006, Internet-Seite von Gush Shalom (www.gush-shalom.org).

52 Daniel Ben Simon, „Betrayed by the State", *Haaretz*, 4. September 2006.

53 Uzi Benziman, „Pulling the Wool over our Eyes", *Haaretz*, 30. August 2006.

54 Uzi Benziman, „Who's in the Bunker?", *Haaretz*, 3. September 2006.

55 Avraham Tal, „Preparing for the next war now", *Haaretz*, 17. August 2006.

56 Zeev Schiff, „We need a strategic revolution", *Haaretz*, 1. September 2006.

57 Ronnie Kasrils, „Rage of the Elephant: Israel in Lebanon", *Mail & Guardian*, Johannesburg, 1. September 2006.

58 Charles Krauthammer, „Israel's Lost Moment", *Washington Post*, 4. August 2006.

59 Thomas Friedmann, „Time for Plan B", *New York Times*, 4. August 2006.

60 Charles Krauthammer, „The Unipolar Moment", in G. Allison und G. F. Treverton (Hg.), *Rethinking America's Security: Beyond Cold War to New World Order*, New York, W. W. Norton 1992, S. 295–306.

61 Mike Allen und Romesh Ratnesar, „The End of Cowboy Diplomacy", *Time*, 17. Juli 2006.

62 Stefan Halper und Jonathan Clarke, „Twilight of the Neocons", *Washington Monthly*, März 2004.

63 Edward Luttwak, „A Post-Heroic Military Policy", *Foreign Affairs*, Bd. 75, Nr. 4, Juli/August 1996.

64 Ausführlicher beschrieben ist dieser Prozess in Noam Chomsky und Gilbert Achcar, *Perilous Power: The Middle East and U.S. Foreign Policy*, Boulder (CO), Paradigm Publishers 2007.

65 Zeev Sternhell, „The Most Unsuccessful War", *Haaretz*, 2. August 2006.

66 Saad Eddine Ibrahim, „The ,New Middle East' Bush is Resisting", *Washington Post*, 23. August 2006. Die Beschreibung der Umfrage findet sich auf der Website des Instituts (www.eicds.org).

Inhalt

Aus unserem Verlagsprogramm

Michael Warschawski
AN DER GRENZE
Mit einem Vorwort von Moshe Zuckermann
Broschur / 256 Seiten / 25 S-W-Fotos / ISBN 978-3-89401-431-5
Der Lebensweg eines jüdisch-israelischen Aktivisten, der seit 35 Jahren
für die Anerkennung der Rechte der Palästinenser und für Gerechtigkeit
und Frieden im Nahen Osten kämpft. Ein bewegendes Zeugnis des
unermüdlichen Widerstands eines Grenzgängers.

»Dieses Buch, geschrieben vor dem Hintergrund einer drohenden
Katastrophe, ist ehrlich und engagiert ...« *Süddeutsche Zeitung*

Michael Warschawski
MIT HÖLLENTEMPO
Broschiert / 128 Seiten / ISBN 978-3-89401-448-3
Ein Schlüssel zum Verständnis der israelischen
Gesellschaft und der aktuellen Situation in Israel.

»*Mit Höllentempo* ist gut geschrieben, die Argumentation ist in all
ihrem leidenschaftlichen Engagement in sich schlüssig und nachvollziehbar.
Sie ist von einer bedrückenden Folgerichtigkeit und von einer
notwendigen Radikalität.« *Deutschlandfunk*

Gerhard Klas
ZWISCHEN VERZWEIFLUNG UND WIDERSTAND
Indische Stimmen gegen die Globalisierung
Broschur / 160 Seiten / ISBN 978-3-89401-490-2
Vertreter von Basis-Organisationen kritisieren die Mechanismen
des globalen Marktes, denen Indien seit Jahren verschärft ausgesetzt ist.
Das Buch gibt Einblick in Formen des Widerstands und zeichnet ein
Bild von Indien und seinen Perspektiven, das im scharfen Kontrast
zu dem der globalen Elite und ihren Multiplikatoren in Medien,
Politik und Wirtschaft steht.

»... es gibt auch Technologien, die den Bauern schaden. Sie wurden
entwickelt, um zu töten, die Umwelt zu zerstören und die Bauernschaft
zu halbieren.« *Vandana Shiva*

www.edition-nautilus.de